무주산골영화제

Muju Film Festival

Una Labo
Actorology

백은하 배우연구소

Photography

〈자산어보〉 노주한 ©플러스엠 엔터테인먼트 (COVER)
〈들개〉 ©한국영화아카데미
〈미생〉 ©tvN
〈타이레놀〉 ©한국예술종합학교
〈소셜포비아〉 김은주 ©CGV아트하우스
〈Nowhere Boy〉 ©한국예술종합학교
〈당신, 거기 있어줄래요〉 최창훈(STUDIO TIMEMACHINE) ©수필름
〈하루〉 손익청 ©라인필름
〈미스터 션샤인〉 ©화앤담픽쳐스
〈보이스〉 최창훈, 이경훈(STUDIO TIMEMACHINE) ©수필름
〈한산: 용의 출현〉 정경화(화분 STUDIO) ©빅스톤픽쳐스

인터뷰 황혜정

변

요

한

next actor

INTRODUCTION

새 비트,
다시 첫 걸음

INTRODUCTION

13

어느덧, 다섯 번째입니다. 2019년부터 무주산골영화제와
백은하 배우연구소가 공동 기획한 '넥스트 액터'
시리즈는 배우 박정민을 시작으로 고아성, 안재홍,
전여빈에 이어 변요한까지 한국영화를 이끌어 갈 새로운
이름으로 한 권 한 권 채워지는 중입니다. 그리고 이들의
알찬 필모그래피는 때로는 멋지게 이어지고 때로는
반갑게 교차하며 우리의 선택이 결코 틀리지 않았음을
증명해주고 있습니다.

넥스트 액터로 명명한 이 세대의 배우들에게는 흔히
'제너레이션'이라 묶어서 정의할 만한 공통의 특징들이
잘 보이지 않았습니다. 오히려 하나의 세대 안에
서로 다른 특성이 평행우주처럼 공존하는 시대에
가깝달까요. 변요한은 말하자면 인습과 기존 질서를
거부하는 반항아처럼 보이지만 연기에 있어서는 엄격한
룰을 지켜나간 '비트 제너레이션' 배우들과 많은 부분
닮아 있습니다. 제임스 딘, 말론 브랜도 같은 초기
메소드 액터들의 진지한 방법론을 계승하는 동시에
특유의 리듬과 에너지로 모든 한계를 돌파해 내는
변요한을 저는 '뉴 비트(New Beat)' 배우라고 부르고
싶습니다.

넥스트 액터 시리즈와 함께하는 배우들에게 선후의
개념은 없습니다. 다만 그 배우에게 가장 적절한 때는
있다고 믿습니다. 2023년, 마침내 '넥스트 액터'라는
타이틀 아래 변요한을 만난 것은 이 배우를 알아왔던
지난 10년 동안 가장 기다렸던 순간이었습니다.
한 차례의 스타덤이 지나간 후, 〈자산어보〉를 분기점으로
〈보이스〉〈한산: 용의 출현〉으로 이어지며 커리어의
2막을 열어가는 중인 배우 변요한을 이야기하기에
이보다 더 적절한 타이밍은 없을 테지요. 자신의 연기
철학을 되도록 말로 정의하려 하지 않는 배우를 굳이
글로 포획하려는 작업은 어쩌면 모순적이지만 그래서
스릴 있기도 했습니다. 물론 이 배우는 정의할 수 없는
자신의 많은 부분을 기꺼이 우리 앞에 내어주었습니다.

어디에서도 들은 적 없는 변요한의 솔직한 인터뷰를
꼼꼼하게 읽어주시기 바랍니다. 또한 그의 사랑스러운
반려 존재 '복자'와의 화보뿐 아니라 한창 촬영 중인
시리즈 〈삼식이 삼촌〉의 현장을 최초로 공개합니다.

　『넥스트 액터 변요한』을 준비하는 지난 6개월
동안, 마치 하루의 선물처럼 당도한 그의 문자에 행복한
나날을 보냈음을 고백합니다. "두 곡 보냅니다. 점심
맛있게 드세요. 낮에는 'Mr. Big'을 들으시고 해 질 녘에
'Half Moon Run'의 음악을 한번 들어보세요." 이른 새벽,
점심 혹은 늦은 밤, 청취 환경까지 살펴주는 다정한
디제이가 보내온 심장 뛰는 플레이리스트를 독자
여러분과 나누고 싶습니다.

　늘 같지만 늘 새로운 유월, 열한 번째
무주산골영화제가 시작됩니다. 열 번째의 반환점을 돌아
다시 첫 번째 영화제입니다. 넥스트 액터 시리즈 역시
변요한이라는 새로운 비트에 몸을 맡겨봅니다.
뉴 비트에 맞춰, 다시 첫걸음처럼 걸어봅시다.

2023년 5월
마스크가 사라진 새 봄

백은하

FILMOGRAPHY

FILMO GRAPHY

2011-2023

연도	작품명 감독	캐릭터
2011	토요근무 구은지 ○	김도연
	열일곱, 그리고 여름 조슬예 ○	태구
	재난영화 남달현 ○	변요한

필모

2012	목격자의 밤 박근범 ○	유지훈
	매직아워 송재생 ○	상훈
	리타르단도 석연주 ○	최유성
	라이브 전민석 ○	기태
	피크닉 투게더 임승진 ○	타미야 타쿠야
	FLAMINGO 이준하 ○	명욱
	어떤 저녁 고동균 ○	남자
	범죄소년 강이관	도넛 가게 손님
	OCN 뱀파이어 검사 시즌2 유선동	김준

○: 단편영화　표기 없음: 장편영화　방송사 표기: 드라마

2013	노리개 최승호	박지훈
	감시자들 조의석, 김병서	엠쓰리
	세 개의 거울 - Trap 편 이지승 ○	스토커/요한
	현수 이야기 임창재	기태
2014	들개 김정훈	박정구
	우는 남자 이정범	송준기
	tvN 미생 김원석	한석율
	타이레놀 홍기원 ○	박종수

타이레놀

구의친구럼

22

23

2015	소셜포비아 홍석재	김지웅
	마돈나 신수원	임혁규
	SBS 육룡이 나르샤 신경수	이방지
	tvN 구여친클럽 권석장	방명수

2016	Nowhere Boy 김민숙 ○	망치
	탐정 홍길동: 사라진 마을 조성희	광은회 미행남
	당신, 거기 있어줄래요 홍지영	한수현
2017	하루 조선호	이민철
2018	별리섬 배종 ○	한기탁
	tvN 미스터 션샤인 이응복	김희성
2021	자산어보 이준익	장창대
	보이스 김선, 김곡	한서준
	태양은 움직이지 않는다 하스미 에이이치로	데이비드 김

2022	한산: 용의 출현 김한민	와키자카 야스하루
2023	그녀가 죽었다 김세휘	구정태
	백설공주에게 죽음을 변영주	고정우
	삼식이 삼촌 신연식	김산

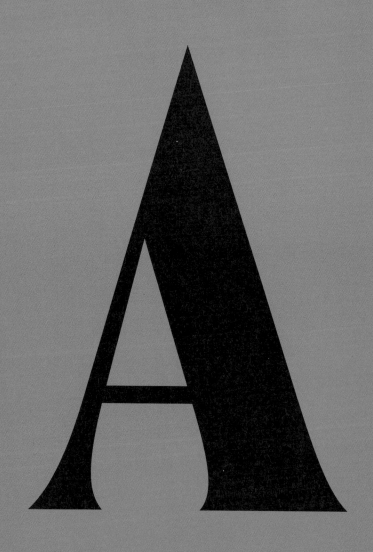

ABOUT

ABOUT
변요한 101

이름 변요한. 어릴 땐 요한이란 이름이 싫었어요. 게다가 성이 변. 애들이 놀리기 딱 좋은 이름이었죠. 지금은 제 이름이 좋아요. 어느 날 친구에게 야, 변요한이랑 놀러 가자! 라고 문자를 쓰는데, 새삼 제 이름이 너무 낯설면서도 예쁜 거예요. 뭔가 반짝이는 느낌이 있어요.

생일 1986년 4월 29일. 친척 형 초등학교 운동회가 열리던 날, 갑자기 태동을 느낀 엄마가 급히 인천 성모병원으로 달려가 저를 낳았다고 들었어요.

성장기 쭉 인천에서 보냈어요. 늘푸른 유치원 - 구월서 초등학교 - 동인천 중학교 - 선학 중학교 - 제일 고등학교. 남자 중학교에서 1학년 2학기 때쯤 남녀공학으로 전학을 갔는데 여자애들 앞에선 모든 게 마냥 부끄러웠어요. 일단 그 앞에서 어떻게 걸어야 되지? 가 지금도 기억나는 고민일 정도로. 학교에서는 조용하고 내성적인 아이였던 것 같아요. 그래서 그 시절엔 사진도 별로 없어요. 졸업사진이나 하두리캠 빼고는?

제목　여행 (1)

엄마와　아빠와

동생과　나는　여

행을　갔다　산도 보

고　강도 보고　꽃

과　새도 보았다

버릇 주먹을 자주 쥐어요. 주변에서는 손에 혈액순환이 잘 안 되냐, 호두 갖다 줄까, 그러죠. 뭔가 시작할 때 에너지를 끌어올리는 펌핑 같은 느낌이랄까? 심장이 뛰도록 가슴도 좀 치는 편이고.

혈액형 B형. MBTI는 솔직히 체크하다가 포기했어요. 항목이 너무 뭐가 많아. 계획적인 때도 있고 계획이 없을 때도 있고. 그때 그때 다르지 않나요.

제일 좋아하는 색 검은색. 복자가 오고 나서부터 갈색을 좋아하게 되었고 요즘엔 옷도 브라운으로 많이 입는 것 같아요.

요리 되게 좋아해요. 레시피를 따르기도 하지만 주로 감으로 해요. 자취를 오래 해서 대충 뭘 넣어야 하는지 본능적으로 알죠. 요리 연습에 칼질 연습도 많이 했어요. 삼계탕도 잘하고, 스팸 김치찌개도 저만의 조리법이 있어서 자신 있어요. 필리핀에 '졸리비'라는 엄청 맛있는 패스트푸드점이 있는데 그곳 시그니처 메뉴를 똑같이 만들 수 있어요. 파스타 한 입, 치킨 한 입, 그레이비소스에 비빈 밥, 거기에 마지막으로 콜라까지 마시면 환상의 조합이에요.

32

복싱 처음엔 체중조절 때문에 시작했어요. 제가 정말 살이 잘 쪄서 한 번만 방심해도 큰일나는 체질이거든요. 해보니까 저에게 너무 잘 맞는 운동이더라고요. 코치님도 자꾸 선수처럼 훈련시키고. 저 배우인데…. 〈타이레놀〉 연출했던 홍기원 감독에게 복싱 영화 한 편 같이 하자고 조르는 중입니다.

주종 하이볼, 소주도 좋아하고, 맥주, 와인, 위스키, 그날의 분위기에 맞춰서 술은 다 좋아하는 것 같아요. 술버릇은, 같이 먹던 사람들을 모두 다 집에 보내는 것.

식욕이 좋아서 먹는 걸 참는 게 너무 힘들어요. 몸을 불려야 하는 〈한산〉 때는 정말 행복했죠. 〈육룡이 나르샤〉 때부터 생긴 갑각류 알레르기를 제외하면 가리지 않고 다 잘 먹어요. 군것질도 많이 하고 밥도 잘 먹고. 육식파에 탄수화물 중독자예요. 특히 삼겹살과 찌개랑 밥이면 너무 행복하죠.

청소 매일 해요. 평소에 깔끔하게 살려고 노력하고 청소를 하면 마음이 개운해지는 성격이라서 바로바로 해야 돼요. 설거지도요.

영화 〈블루〉처럼 친구랑 동반 입대를 했어요. 저는 당시 중국에 있었는데 아버지가 친구와 짜고 동반입대 신청을 미리 해놨더라고요. 원래는 한국 가서 몇 개월 놀아야지 생각했고, 해병대에 가고 싶었는데 그 친구 때문에 육군으로 갈 수밖에 없었죠. 제 생일이 4월 29일인데 25일에 입대를 했어요. 왜 네 생일은 지나고, 내 생일은 겹쳐서 신청을 했냐, 너무 이기적이다! 하면서 엄청 싸웠죠. 결국 스물한 살 생일은 군대에서 보냈습니다. 부모님께 군사우편 쓰면서.

처음 산 향수는 ck be. 군대에서 처음으로 엄마가 보내주신 로션은 ck 1. 그런데 향이 너무 세다고 선임들에게 엄청 혼났어요.

'군대썰'은 누가 썼는지 정확하게 알아요. 그 친구 밖에 혼낸 적이 없거든요. 3개월 차이 나는 같은 상병계급이었는데, 나이는 저보다 형이었어요. 당시가 조류독감 유행에, 대포동 미사일 쏜다는 말에 맨날 위장크림 바르고 오분대기조로 취침할 때였거든요. 훈련이 끝나면 모두 씻어야 했는데, 그 친구만 안 씻고 버티고 있었죠. 제가 분대장이었는데 한 명이라도 안 씻고 있으면 분대 전체가 기합 받는 상황이라 좀 세게 표현을 할 수밖에 없었어요.

피아노 어릴 때부터 쳤어요. 중학교 때 필리핀으로 잠시 보내졌을 때 그 집 지하에 피아노가 있었거든요. 제 외로움을 달래준 고마운 악기였어요. 군대에서도 피아노가 치고 싶어서 교회에 갔을 정도로.

밴드 'Yoh' 뮤지컬 〈헤드윅〉
때 만난 뮤지션 형들과 함께
결성한 밴드예요. 저는 보컬을
맡고 있어요. 장르는 록. 이미
완성된 미발표 곡이 다섯 개
있어요. 음악 꽤 괜찮습니다.
조승우 형이 듣고 엄청 좋다고
했다던데요.

어릴 때 제일 좋아했던 배우
미스터 빈을 연기한 로완
앳킨슨. 이상한 표정을 짓는데
그 사람만 나오면 모두
다 깔깔대면서 웃었어요.
사람들은 재밌는 사람을
좋아하는구나 싶었죠. 친척
형들과 미스터 빈 표정 따라
하고, 특히 엄마를 되게
많이 웃겼었어요. 지금도
유머 욕심이 많아요. 친구들
사이에서는 제가 좀 재밌는
사람이거든요. 물론 그런
모습을 보이기까지 시간이
걸리지만. 사람 사귈 때도 그런
거 같아요. 잘 웃고 재밌는   35
친구들을 좋아해요.

〈당신, 거기 있어줄래요〉에서
김윤석 선배가 저를 따라서
분장한 왼쪽 이마의 상처는
중학교 1학년 때인가에 생긴
거예요. 어떤 누나 놀리고
도망가다가 어딘가에 빡-
부딪혔는데 눈앞에 커튼
쳐지듯이 피가 주르륵 흘러
내렸어요. 이마가 터져서 한
열여덟 바늘 정도 꿰맸어요.
외삼촌이 저를 껴안고
뛰어가면서 혹시 무서울까 봐
되게 웃겨주셨는데, 병원 가서
머리를 꿰매면서도 막 웃었던
기억이 나요.

〈자산어보〉에서 나온 창대의
오른쪽 눈 위 상처도 원래 있는
걸 분장으로 좀 더 깊게 살린
거예요. 야구도 좋아하고
농구도 좋아해서 어느 날
두 개를 한꺼번에 해볼까,
하고 야구 배트로 농구공을
빵- 쳤는데 그게 얼굴에 바로
튕겨지면서 생긴 흉터예요.
그때도 엄청 웃었어요.
내가 너무 바보 같아서. 와-
이게 왜 터지냐, 하면서.

좋아하는 영화는 열 번, 스무 번도 반복해서 볼 수 있어요. 〈라라랜드〉〈스타 이즈 본〉〈데몰리션〉〈녹터널 애니멀스〉〈빅쇼트〉, 그리고 〈마스터〉 같은 영화는 정말 미친 것 같아요. 최근에 〈바빌론〉은 3시간짜리를 연달아 두 번 봤어요. 누가 영화를 추천하면 그걸 꼭 봐야 돼요. 진짜 그 영화를 보기 위해 일과를 빨리 끝내고 집에 가고 싶을 만큼.

내가 출연한 영화는 자주 보진 않아요. 대신 한 번쯤은 극장에 가서 몰래 보는 걸 되게 좋아해요. 제일 친한 친구랑 가서 관객들이 어떻게 보나 둘러보면서. 하지만 〈자산어보〉는 TV에서 방영할 때마다 하염없이 보고 있어요. 볼 때마다 눈물이 계속 나요.

숫자 5를 좋아해요. 〈독수리 오형제〉도 좋아하고, 술 먹을 때 멤버도 다섯 명이 좋고. 그런데 다섯 번째 '넥스트 액터'라니, 운명인가요.

YOHAN'S MIXTAPE

"외골수 기질 때문인지 한 곡만 계속 들어요. 〈한산〉 촬영할
때는 〈스타 이즈 본〉 OST만 반복해서 들었죠. 한 만 번 이상?
매니저가 거의 최면에 걸릴 정도로. 매번 들을 때마다
꽂히는 포인트가 계속 달라지거든요. 뭐든지 정성 들여서

Una Labo Actorology

오래 보는 걸 되게 좋아해요. 친구들이 가끔 제 차를 타면,
야… 어제인 줄 알았어, 이런 말을 해요. 노래 좀 바꿔,
안 지겨워?라고 물으면 제가 그러죠. 너무 좋지 않아?
난 이 노래가 너무 좋은데?"

A side

Yohan's Mixtape

next actor

Black Moon Rising	Black Pumas
Always Remember Us This Way	Lady Gaga
Warmest Regards	Half Moon Run
Mr. Big	FREE
Immigrant Song (Live 1972)	Led Zeppelin
You're Gonna Live Forever in Me	John Mayer
Cryin'	Aerosmith
사랑하기 때문에	유재하
잊어야 한다는 마음으로	김광석
내일 할 일	윤종신 (Feat. 성시경)
시작	박기영

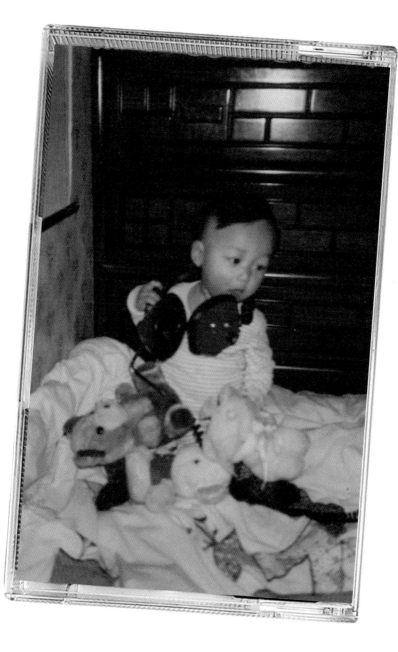

43

B side

Yohan's Mixtape

next actor

서른 즈음에	김광석
Beautiful Day	U2
Sign of the Times	Harry Styles
Fooled Around And Fell In Love	The Winery Dogs
Caravan	John Wasson
내 마음에 비친 내 모습	유재하
출국	하림
Shallow	Lady Gaga, Bradley Cooper
Out of Time	The Weeknd
As It Was	PREP
희재	성시경
It's Not Over	Daughtry

45

FACES

FACES

1 박정구

〈들개〉

"잘 생각해 봐. 사람들 다 그렇게 살아… 그래야지,
사회에서 니 자릴 만들 수가 있는 거야."

정구는 참고 있다. 대학원 조교로 일하면서 틈틈이 입사면접을
보러 다니는 정구는 생존을 위해 온 힘을 다해 버티고 있다.
신던 양말을 빤 '양말주'까지 먹으며 자신을 노예처럼 부리는
담당 교수는 말한다. "너 같이 오갈 데 없는 애들이 말을 아주
잘 듣거든. 절박하니까." 하지만 그 말을 부정할 수가 없다.
정구는 정말 오갈 데가 없으니까. 얹혀살던 친구 집에서도
쫓겨나고 이제 그에게 남은 건 번호판까지 압류당한 낡아빠진
차 한 대뿐이다. 고등학교 시절 폭력 선생의 차를 사제폭탄으로
날려버린 전과가 있는 정구는 누가 봐도 재점화 가능성이 없는
불발탄처럼 조용히 살아가는 중이다. 하지만 실상은 언제

터질지 모르는 시한폭탄 같은 마음을 안고 "아직도 그 짓"을 하고 다닌다. "폭탄 공짜로 보내주시는 거 맞죠? 아무한테도 걸리지 않고 잔인하게 죽이고 싶은 새끼가 있습니다." 인터넷을 통해 복수를 원하는 '집행자들'에게 직접 만든 폭탄을 보내는 '생산자'로서의 이중생활은 그나마 정구를 숨기게 한다. 타고난 파괴 본능, 들개의 야생성, 부조리로 가득한 세상을 향한 분노는 농축되어 갈 뿐 한 번도 사라진 적이 없다.

그러던 어느 날 효민(박정민)이 눈에 들어온다. 세상과 타협하지 않고 자기 멋대로 살아가는 효민을 동물적 후각으로 알아본 정구는 그를 폭탄의 다음 집행자로 점찍는다. 물론 그때까지는 몰랐다. 효민이 "그렇게까지 또라인지"는. 정구의 사제폭탄 택배를 받아 든 효민은 장난감을 선물 받은 아이처럼 흥분한다. 그 역시 동족을 알아본 것이다. 너무 시시한 세상에서 정구만은 "시시해지는 게" 싫다는 효민은 "애완견 코스프레"중인 자신을 맘껏 뒤흔든다. "어디서 순진한 척"이냐며, "자기를 부정"하지 말라며, "안 어울린다"며 비아냥댄다. 정구는 기껏 잠재운 자신의 야생성을 자꾸 불러내는 효민의 도발이 흥분되는 동시에 두렵다. "니가 나를 잘 안다고 생각하냐?"라고

반문하지만 사실 효민의 말이 맞는지도 모른다. 하지만
이내 깨닫는다. 공존은 불가능하다는 것을. 효민의 손을
잡고 철창을 넘어 야생으로 내달려 도망갈 용기가 없다면,
남은 방법은 하나뿐이다. 정구는 나다. 둘이 될 수 없다.
추운 겨울밤, 정구는 펑, 하는 소리와 함께 효민을 세상에서
날려버린다. 아니 또 다른 자신을 살해한다. 단정한 안경을
쓰고 새하얀 와이셔츠에 넥타이를 맨 정구가 도시의
지하철을 타고 출근한다. 그는 마침내 안전한 집으로 돌아간
걸까, 아니면 영원히 개집에 갇혀버린 걸까? 가축의 삶을
선택한 어떤 들개의 아침, 정구는 안도와 체념이 뒤섞인
변요한의 얼굴이다.

변요한이 말하는 〈들개〉

"〈들개〉는 이 영화의 '정서'는 무엇일까, 그걸 찾는
데 집중했던 것 같아요. 장편에 들어가는 순간에는
올바른 연기를 하고 싶었고, 올바른 접근법으로
정구를 한번 끝내보자고 다짐했죠. 정구라는 사람은
누구고, 왜 이런 생각을 하며, 얘가 지금 원하는 게
무엇인가를 계속 찾고 싶었던 것 같아요. 그렇게 그
속으로 계속 깊숙이 들어가니 신기하게도 영화가
세상에 말하고 있더라고요. 내 마음이나 내 머리가
미처 생각하지도 못했던 걸 관객들이 해석도 해주시고.

그런 것들을 경험했던 순간이었어요. 처음에 정훈이
형(김정훈 감독)이 저를 많이 괴롭혔어요. 부지런히
계속 만나면서 거의 취조를 당했었죠. 너는 어떤
애인지, 정구는 어떤 애인지, 닮은 점은 뭔지, 그렇게
이야기를 나누면서 그 간극을 점점 좁혀가며 하나로
들어가게 해줬던 것 같아요. 정구가 마지막에 폭탄을
터트리는 신은 독립영화 예산상 한, 두 테이크에
끝내야 했어요. 감독님도 그날은 유독 긴장해서인지
뭔가 다급한 디렉션을 주셨는데, 그 언어가 이해가
안 되는 거예요. 그냥 문득 정구는 지금 무슨 생각을
할까, 오케이 효민이를 죽였어, 그리고 이걸 터트리고
나면 정구는 뭘 할까? 갈증이 나겠지? 입에 단내 나고

너무 힘든데… 딸기우유 먹으면 지금 너무 맛있을 것 같은데? 라는 생각이 불쑥 들었어요. 그러는 순간 그냥 버튼을 눌러버렸죠. 빵! 그리고 오케이, 소리를 듣고 감독님을 봤는데 너무 좋아하시는 거예요. 내가 어떤 연기를 만들어 내려고 힘을 막 주고 있는 게 아니었단 말이죠. 그때 새로운 걸 느꼈죠. 와- 딴생각해도 연기가 되는구나. 왜 갑자기 그런 생각이 났는지를 의심하지 않았던 것 같아요. 이미 내 안에 정구가 많이 쌓인 상태니까, 그럴 수 있다고 그걸 믿어버렸던 것 같아요. 자연스럽게 드는 생각이 진짜 자연스러운 연기가 될 수 있다는 것을 확인한 경험이었어요. 모니터하면서 감독님이 그때 무슨 생각했어? 라고 물어서 그냥 동생이랑 딸기우유 먹는 거 생각했는데요? 라고 대답했어요. 근데 막상 촬영 끝나니까 딸기우유 생각이 전혀 안 나더라고요. 그 순간에 알았어요. 아, 이건 정구의 생각이었다. 그렇게 〈들개〉를 찍으면서 여전히 서툴지만, 제대로 된 연기의 맛을 살짝 보지 않았나 싶어요. 영화가 완성되었는데 아직 상영하는 데가 없으니까 정훈이 형한테서 작품을 담은 USB를 받았어요. 겨울이었는데 새벽에 아빠 차 키 몰래 들고 나와서 추우니까 앞 좌석에 시동을 걸어 히터를 켜고 여동생이랑 같이 봤던 걸로 기억해요. 동생이 정구라는 캐릭터를 되게 좋아해 줬어요. 그리고 그때 처음으로, 저보고 배우 같다고 그러더라고요. 그래서 제가 그랬죠. 장편이라서 그래, 장편."

55

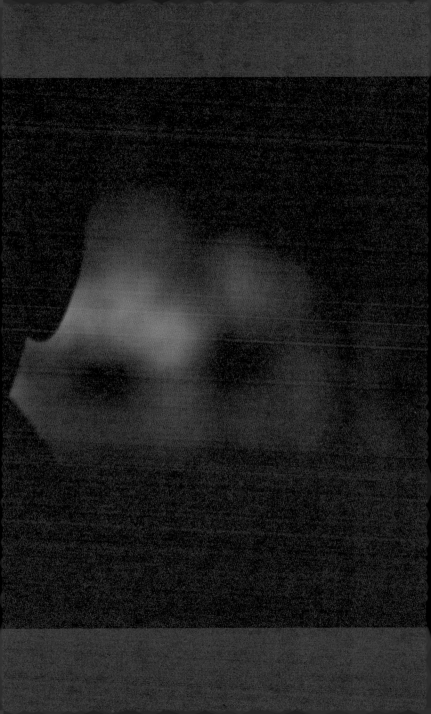

2 김지웅
〈소셜포비아〉

"나 거기 왜 데리고 간 거야?"

지웅은 억울하다. 이 모든 게 용민(이주승) 때문이다. 노량진 공무원 시험 준비생 중 하나로 조용히 살고 있던 자신에게 악성댓글을 쓰라고 부추긴 것도, '원정대'에 합류하자고 꼬드긴 것도, 모두 용민이었다. 탈영병의 자살을 조롱한 것으로

여론의 심판대에 오른 '레나'를 향해 쓴 지웅의 악플은
그저 군중심리에 동조한 것뿐이다. "솔직히 재밌지?"라는
용민의 부추김에 살짝 흥분했던 것도 같다. 어쩌면 아이디
'1021justice'에 숨겨둔 정의감이 불쑥 솟구쳤는지도
모른다. 어쩌다 보니 지웅은 레나를 직접 만나 '현피'를
뜨자며 출동한 '레나 원정대'의 일원이 되어있었다. 하지만
정의의 기사단 같은 의기양양한 기세로 몰려간 그녀의
집에서 목격한 것은 목을 맨 레나의 시체다. 이 모든 과정을
인터넷 BJ 양게(류준열)가 라이브로 생방송하면서 익명의
영역에 있던 지웅의 삶은 완전히 뒤바뀐다. 김지웅이라는
이름 앞에는 '현피 살인마'라는 수식이 더해지고 출신학교 및
나이, 각종 아이디까지 신상정보가 모두 인터넷에 공개된다.
학원 사물함은 욕과 저주의 말이 쓰인 쪽지들로 뒤덮인다.
그렇게 무심코 공중을 향해 날린 돌팔매는 고스란히

자신에게 되돌아온다. 이대로라면 휴대폰도 잠가 놓은 채 매진하던 경찰 공무원 시험 합격은 불가능한 꿈이 될지도 모른다. 그때 용민은 레나의 타살 가능성을 제기하며 만약 자신들이 진범을 잡는다면 경찰 `특채´도 가능할 거라고 말한다. 그 말에 지웅은 또 한 번 기대 보기로 한다. 어차피 이 불명예의 폭탄을 내 손에서 제거하려면 새로운 희생양에게 던지는 수밖에 없다. 이후 반전에 반전을 거듭하는 추적 과정 속에서 지웅이 마주하게 되는 것은 가장 가까이 있던 친구 용민의 놀라운 실체다.

   "에고는 강한데 그 에고를 지탱할 알맹이가 없는 거? 뭐 요즘 애들 다 그렇죠." 이들은 모두 인생이 망가져가는 이유를 누군가에게 떠넘기고 싶다. 키보드 워리어 `레나´이자 `베카´로 활동했던 민하영은 남의 글에 대한 신랄한 비판은 할 수 있지만 정작 자신의 글은 쓸 용기가 없었던 문예창작학과 학생이었다. 정의사회를 구현하는 경찰 공무원이 되고 싶었던 용민은 `베카´에게 패배하고 신상이 노출되자 개명까지 하고 숨어 살아야 했던 또 다른 키보드 워리어 하진호였다. 이들의 잇단 죽음과 실패를 고스란히 목격하는 지웅은 그저 SNS 아이디나 `사물함 번호 462번´ 속에 숨어서는 진짜 현실과 싸워 생존할 수 없음을 깨닫게 된다. 모니터의 밝은 빛 안에서 타인에게 무심코 돌을 던지는 인간들. 지웅은 전원이 꺼진 블랙 미러를 통해 비로소 확인하게 되는 비겁하고 텅 빈 현대인의 얼굴이다.

변요한이 말하는 〈소셜포비아〉

"촬영에 들어가기 전, 아니 촬영 초반까지도 대본이 계속 바뀌었는데 총 다섯 버전쯤 나왔던 것 같아요. 수정이 되면 부분 부분 신이 바뀌는 게 아니라 시나리오 전체가 통으로 다 바뀌었어요. 내가 연기해야 하는 지웅이라는 인물에 대한 정확한 그림 역시 그릴 수가 없었죠. 저는 좀 느린 사람이고 캐릭터에 들어가는 데 어느 정도 시간이 필요한 배우거든요. 게다가 〈소셜포비아〉를 찍던 당시에는 왜 그랬는지 몰라도 인생에서 가장 날이 서있었던 상태였던 것 같아요. 모든 면에서 엄청 예민하고 짜증이 많이 나 있었어요. 지금 돌이켜보면 아마도 쉬지 않고 독립영화를 몇십 편씩 찍다 보니까 저도 모르게 마음이 지쳤던 것도 같아요. 그렇게 이유 없는 짜증과 애매한 자만 같은 게 복합적으로 다 섞여있는 상태인데 인물도 잘 잡히지 않다 보니 아, 모르겠다, 는 마음으로 일단 촬영에 들어가게 되었던 거죠. 그런데 막상 촬영을 하다 보니 주승(이주승)이, 준열(류준열)이 할 것 없이 같이 연기하는 친구들이 진짜 너무 열심히 하는 거예요. 확 정신이 깰 만큼. 그때쯤 대본이 최종적으로 픽스가 됐어요. 정신을 차리고 보니 그제야 마음이 급해졌고 제대로 인물 분석에 들어가야겠더라고요. 당시 강남구청역에 24시간 문을

열던 커피숍 '탐탐'이 있었거든요. 밤늦게 배우 친구
나철이를 불렀어요. 나 좀 도와줘라. 다른 애들이 너무
잘해. 어떻게 잘하는데? 그냥 뭐⋯ 애들은 완전 다큐야.
나 이 상태로는 도저히 안 될 것 같아. 대본 읽어보고
일단 지웅이가 어떤 사람인 것 같은지만 얘기 좀 해줘.
애 마음은 어떨까? 오케이⋯ 그런데 나 살쪄 보여? 아,
조금 더 찌워야 될 것 같아? 하면서 열정에 다시 불을
붙였죠. 외양적으로는 일단 멋도 좀 덜 내는 것처럼
보이고 싶기도 했고, 용민이를 연기한 주승이와의
콘트라스트를 생각해서 10kg 정도 몸무게를 늘렸어요.
살이 찐 것도 있지만 얼굴이 부어 보이고 싶었어요. 딱
봐도 몸에 나트륨이 많은 상태 있잖아요. 노량진에서
컵밥, 팬케이크, 맥도날드를 돌아다니면서 계속 쉬지
않고 먹었던 것 같아요. 그리고 분장팀에게 앞머리를
더 잘라달라고 부탁했어요. 애들 다 모여있는 PC방 신
있잖아요. 그 현장에서 머리를 잘라서 자세히 보시면
앞머리가 삐뚤빼뚤해요. 그래도 더 잘라줘요, 했어요.
저는 지웅이가 목격자, 흔히 말하는 영화의 시선이라고
생각했거든요. 눈썹도 그렇고 눈 쪽이 잘 부각되어 확실히
보였으면 했죠. 〈소셜포비아〉는 정확하게 저의 자만을
봤던 영화였어요. 인격적으로도 너무 부족했죠. 하지만
함께한 친구들 덕에 몇 회 차 만에 자만을 버리고 정신
차려 연기할 수 있었던 작품, 그 친구들이 모두 함께
지웅이라는 캐릭터를 너무 잘 만들어 주었던 영화였어요."

3 한석율
tvN 〈미생〉

"너는 도대체 모르는 게 뭐냐?"

석율은 빠삭하다. 원 인터내셔널 섬유 1팀 인턴사원으로
입사한 한석율은 정보력이 곧 경쟁력인 현대 사회를 가장
격렬하게 살아가는 인물이다. 그의 촉수는 사내 뉴스, 각종
루머, 개인사까지 빠짐없이 뻗어있다. 거기에 입사 전 현장에서
몸으로 익힌 실전지식뿐 아니라 "충성주, 레인보우주,
골프주, 카푸치노주, 폭포주… 40여 개의 폭탄주 제조법"
같은 잡지식까지 빠삭한 "정말이지 모르는 게 없는 놈"이다.

능청스러운 태도, 남다른 화술, 호탕한 웃음소리, 화려한
패턴의 넥타이, 가운데 가르마의 새초롬한 단발머리까지,
회색의 회사원들 사이에서 석율은 확실히 튀는 존재다.
동료들 사이에서는 "오지랖" "개진상" "단발머리 변태"
"허세 쩌는 원조폭탄" "개벽이" 등 다양한 별칭으로
불리고 있지만 정작 본인은 남이 보는 나, 에는 도통 관심이
없다. 그저 본인이 회사가 원하는 인재상이라고 뻔뻔하게
믿어버리고, 상대의 안목을 믿는 것 이상으로 스스로의
안목을 자신할 뿐이다. 그런 한석율이 첫눈에 선택한 동료는
장그래(임시완)다. 어딘가 주눅 들고 서툰 장그래와 매사
확신에 차있는 한석율은 서로의 빈 틈을 채우는 기묘한
짝이 된다. 한석율의 일방적인 관심과 짝사랑처럼 보이기도
하지만 사실 장그래 역시 그의 믹힘없는 카리스마에
"장악"당한 지 오래다.

68　　　화이트칼라 상사맨들 사이에서도 꿋꿋하게 "역시
현장이지 말입니다"를 외치는 석율은 블루칼라 공장
노동자였던 아버지와 삼촌들의 기름때 묻은 손을
부끄러워하지 않는 "현장의 아들"이다. 그런 그를
속수무책으로 만드는 것은 점점 과중해지는 회사 업무도,

예고 없이 닥쳐오는 거래의 변수도 아니다. 오로지 요령과 꼼수로만 생존해 온 성 대리(태인호) 같은 상대다.

성 대리의 쉴 새 없는 해코지보다 더 두려운 건 그 시간을 참고 기다린 끝에 결국 "저 놈처럼 될" 자기 자신이다.

결국 한석율은 "부당과 허위의 가혹한 시간들"을 그만의 방식으로 인내한다. "삶이 뭐라고 생각해요?…. 간단해요. 선택의 순간들을 모아두면 그게 삶이고 인생이 되는 것! 매 순간 어떤 선택을 하느냐, 결국 그게 삶의 질을 결정하는 것 아니겠어요?" 성 대리의 비리를 확인한 석율은 폭로의 칼을 빼드는 선택을 하지 않는다. 오히려 고요하게 일상의 자리를 묵묵히 지켜내는 선택을 한다. 그는 칼춤을 추는 무사가 아니라 망치질을 멈추지 않는 도장(刀匠)이다.

일견 요란스러운 깡통처럼 보이지만 쉼 없는 담금질을 통해 인생을 단련해 온 강철 청년. 한석율은 푸르고 단단한 변요한의 얼굴이다.

69

변요한이 말하는 〈미생〉

"〈미생〉은 사실 캐스팅에 대한 기대가 아예 없었어요. 그
사이 오디션을 너무 많이 보러 다녔거든요. 어떤 작품의
경우엔 이미 주연 배우가 정해진 상태에서 그냥 들러리로
오디션을 보게 하는 경우도 있었죠. 어떤 역에도 그렇게
큰 기대는 하지 말자, 라는 마음을 항상 갖고 있었던 것
같아요. 그래서 이번에도 큰 기대 없이 갔어요. 준비한 걸
보여드렸더니 다른 식으로도 해보래요. 그래서 그냥 바로
얘기했어요. 감독님… 어차피 저랑 안 하실 거잖아요.
그땐 그런 식의 태도가 저를 버티게 하는 힘이었던 것
같아요. 그런데 김원석 감독님이 그러시는 거예요. 아니?
나 너랑 할 거야, 너 보고 싶어서 부른 거야, 너. 랑. 할.
거. 야. 바로 자세를 고쳐 앉았죠. 아, 저 어디서부터
하면 되죠? (웃음) 그러고 나서 한 열흘쯤 후에 촬영에
들어갔어요. 그런데 원작의 한석율은 너무 밝은
사람이더라고요. 반면 저는 그 사이 〈들개〉의 정구 같은
어두운 캐릭터에 익숙해져 있었고요. 초반 촬영에서는
텐션을 끌어올리는 게 생각보다 쉽지 않았어요. 비슷한
레퍼런스는 거의 다 찾았던 것 같아요. 특히 짐 캐리가
출연한 코미디 영화를 되게 많이 봤어요. 그런데 흉내를
못 내겠더라구요. 하루는 이성민 선배님이 무심하게
야, 너 하던 대로 해. 너 잘할 거야, 그러고 딱 가셨는데,

뭔가 스파크가 파바박 튀는 느낌이 들었어요. 그래
그냥 하자, 내 베이스는 가지고 가되 내 식의 한석율을
만들 수밖에 없다고. 초반 몇 회를 보시고 저희 엄마가
그러셨어요. 리듬감은 좋은데 연기를 너무 못해, 너무
과장됐어, 라고. 내 아들이 아닌 것 같다고. 그런데 저는
오히려 그 말이 긍정적인 반응처럼 들렸어요. 오케이,
그러면 이 낯선 느낌을 잘 설득시키기만 하면 되겠구나.
조금 불안하더라도 그냥 믿고 가자. 한 백 번쯤 하면
믿겠지. 그런데 결과적으로 정말 많은 분들이 좋아해
주셨잖아요. 하지만 당시에는 그걸 즐기지 못했어요.
밖에 나가면 다들 어이! 한석율! 하고 반갑게 다가와
주셨는데 저는 그에 대처할 쇼맨십이 없었어요. 다들
재밌다고 웃는데 정작 나는 이게 왜 웃기지? 나는 되게
진지하게 연기하고 있는데? 이 캐릭터가 나의 발목을
잡으면 어쩌지, 나는 사실 이런 사람이 아닌데? 혼란의
시기였죠. 실제로 작품 하는 도중에도 비슷한 텐션을
기대하는 역할이 들어오기도 했고요. 그때는 빨리
한석율을 탈피하고 싶었어요. 사랑해 주시는 것에 대한
감사함보다 제 불안함이 더 컸던 것 같아요. 생각해 보면
아직 제대로 된 프로가 아니었던 거죠. 물론 제 안에
한석율 같은 부분이 있겠지만 그렇게 구체적인 인물로
덮어서 입체적으로 마주한 건 처음이었잖아요. 분명 내
안에서 나왔지만 낯설고 이상한 친구. 여전히 한석율은
다시 못 할 것 같은 인물이긴 해요. 좋게 이야기하면,
오로라 같달까. 그래도 요즘은 가끔 유튜브로 한석율을
찾아봐요. 너무 귀엽더라고요." (웃음)

4 한수현
〈당신, 거기 있어줄래요〉

"누구니, 너?"

수현은 혼란스럽다. 1985년에 살고 있는 20대 청년 수현
앞에 갑자기 떨어진 중년의 사내(김윤석)는 다짜고짜 묻는다.
그러나 그는 한수현, 이라는 이름을 듣고는 도망치듯 사라져
버린다. 누구지? 아는 사람인가? 그러고 보니 어딘가 낯이
익은 것도 같다. 사실 그 밤의 혼란은 이 남자의 등장만이
아니었다. 소아외과 레지던트로 일하고 있는 수현에게는 7년째
장거리 연애 중인 돌고래 조련사 여자친구 연아(채서진)가
있다. 그날 연아로부터 너의 아이를 낳고 싶다는 갑작스러운
프러포즈를 듣고 오는 길이다. 하지만 수현은 자식을 낳을
생각도, 아버지가 되고 싶은 마음도 없다. 알코올 중독이었던
수현의 아버지는 의처증까지 더해져 허구한 날 아내에게
주먹을 휘둘러댔다. 견디다 못한 엄마가 가출한 후 아버지의
폭력은 고스란히 자신에게 이어졌다. 집 떠난 엄마는 결국
일하던 공장에서 목을 매는 것으로 생을 마감했다. "네가

꿈꾸는 그런 가족 못 만들어. 자신이 없어." 오랜 트라우마 속에 살고 있는 수현에게 가정을 꾸린다는 것은 폭력의 역사를 물려주고 나누는 고통스러운 과정처럼 느껴질 뿐이다. 하지만 연아라는 강력한 변수는 그의 결심을 자꾸 혼란스럽게 만든다. 1분만 떨어져 있어도 보고 싶었다고 말하는 이 다정하고 애틋한 연인은 수현의 견고한 벽을 부드러운 방식으로 조금씩 허물어 나간다.

    한편 의문스러운 남자의 갑작스러운 방문은 기차역에서 집으로, 동물원으로 이어진다. "꼭 한번 보고 싶은 사람"을 보기 위해 여기에 왔다는 그는 자신이 2015년에 살고 있는 "30년 후의 너"라고 말한다. 그리고 이내 믿을 수 없는 충격적인 비밀을 풀어놓는다. 가수 김현식이 없는 그곳엔 더 이상 연아도 없다는 것이다. "당신한텐 과거지만 나한테 미래예요. 내 미래는 내가 정하는 거고!" 내 미래를 바꾸는 방법, 사실은 연아의 미래를 바꾸는 방법은 다시는 그녀 앞에 나타나지 않는 것뿐이다. 죽을 때까지 그 손을 놓지 않겠다는 맹세를 배반하는 것만이 그 죽음을 막을 수 있다. 소중한 존재를 지키기 위해 그 사람과의 미래를 포기해야 하는 운명의 패러독스 앞에서 수현은 더 이상 혼란스럽지 않다. 폭력의 대물림에 대한 걱정도 "필요하면 내 목숨도" 바쳐서 연아를 살리겠다는 결심이 서는 순간 사라진다. 대신 그 혼란의 자리 위에 순정의 DNA를 고스란히 이어받을 미래의 딸, 수아(박혜수)의 가능성이 잉태된다.

　　데뷔 이후 내부의 고통 혹은 사회와의 외로운 싸움에 향해 있던 배우 변요한의 목적지는 〈당신, 거기 있어줄래요〉를 만나면서 타인으로 방향을 옮긴다. 연기 행동의 연료 역시 이타심과 사랑으로 채워진다. 함께할 혼란이 헤어질 결심으로 바뀌는 거기, 당신 앞에 이제 연아가 살아 걸어간다. 수현은 `나`가 아니라 `당신`을 통해 그려낸 변요한의 첫 얼굴이다.

변요한이 말하는 〈당신, 거기 있어줄래요〉

"군대에서 재밌게 읽었던 원작이 나에게 오다니
운명인가, 생각했어요. 처음 홍지영 감독님을 만난
날, 말을 안 걸어주셔서 너무 좋았어요. 밥 안 먹고
왔어? 그래 밥 먹어, 그리고 진짜 밥만 먹었어요. 그냥
공기로 대화를 하고 있었던 것 같아요. 진짜 맛있게
밥을 먹고 난 다음에야 시나리오 어떻게 봤냐고
물어보셔서 이렇게 답했어요. 너무 좋았습니다,
해 봐야지 알 것 같지만 할 수 있을 것 같습니다, 다음
주에는 밥 집 말고 사무실에서 뵙죠, 먼저 김윤석
선배와 의상 피팅을 하겠습니다, 톤을 한번 봐주십시오.
그리고 두 사람이 똑같은 옷을 입고 똑같이 사진을
찍었어요. 그리고 리딩을 했어요. 그런데 참 신기한
게 그 모든 과정이 긴장도 하나 안 되고 되게 편안한
느낌이었어요. 모두 감독님 덕이었다는 생각이 들어요.
한수현은 마냥 제 쪽만 생각할 수 없고 30년 후의
나(김윤석)와 일치시켜야 한다는 생각 때문에 처음엔
시야가 좁아지긴 하더라고요. 결국 친구 태호(안세하/
김상호)나 연아 그리고 아버지(장광)를 만났을 때
각 시기의 상태와 상대에 맞춰서 변하는 게 맞겠다고
결론을 내렸어요. 아마도 수현과 그 주변 인물들에
대한 세팅이 시나리오에 너무 잘 구축돼 있어서

그 고민이 한 번에 풀리지 않았나 싶어요. 미래의 수현을
만났을 때도 그동안 관찰한 김윤석 선배가 이미 내 속에
체화되었다고 믿었고 어차피 전체의 흐름은 김윤석
선배가 잘 책임져주실 걸 알기 때문에 30년 전 나는
상대에 따라서 잘 흘러가기만 하자, 라고 생각했죠.
바닷가에서 두 사람이 마지막으로 마주하는 장면을
거의 후반부에 촬영했는데, 똑같은 옷을 입고 걸어가는
뒷모습의 걸음걸이가 너무 비슷한 거예요. 모니터링을
하면서 우리 잘 닮아갔구나, 라는 생각을 짧게 했던 것
같아요. 가끔 TV 채널을 돌리다 이 영화가 나오거나
팬들이 사진이나 영상을 올려주시면, 그때의 제가
너무 예쁜 것 같아요. (웃음) 지키고 싶은 것도 많고,
누군가를 사랑하는 데도 미워하는 데도 솔직한 청년,
열심히 살아가려고 하는 그 에너지가 잘 담긴 것 같아서

좋아요. 그래서 저는 이 영화를 멜로라고 생각하진
않아요. 그보다는 애틋한 사진 같아요. 과거와 현재와
미래, 사랑했던 기억들이 순간순간 담겨있는 앨범 같은
작품이랄까. 여전히 저에게 사랑이라는 건 되게 어렵게
느껴져요. 마음속에 있는 제일 큰 감정이고 갈증을
느끼는 부분이기도 하고요. 그래서 그걸 되게 까다롭고
어렵게 생각하지 않나 싶어요. 멜로 장르는 언젠가를
위해서 소중히 아껴두고 싶달까요. 그리고 진짜 멜로
영화를 찍게 된다면 연애의 희로애락이 모두 담겨있는
정말 투박한 사랑 이야기를 하고 싶어요."

5 장창대

〈자산어보〉

"너 공부를 왜 하냐?"

창대는 깝깝하다. 사람 노릇 해보겠다고 독학으로『천자문』
『소학』『명심보감』까지 다 뗐지만 계속해서 배움이
제자리걸음인 것이 깝깝하다. 제아무리 "똑똑한 대굴빡"이
있어도 벼슬길에도 오르지 못할 서자 출신인데, 밥도 안 나오는
글공부를 포기하지 못하는 자신을 생각하면 더 "깝깝해
죽겠다". 어느 날 흑산도에서 태어난 그을린 얼굴의 어부 청년
앞에 한양에서 유배를 왔다는 허연 얼굴의 선비가 도착한다.

명문 사대부 정약전(설경구)이라는 이 사람은 "서양서 들어온 사악한 학문"에 빠진 '사학죄인'으로 이 먼 섬으로 유배를 왔다. 가만 보니 이 양반도 깝깝하기는 매 한 가지다. "천하 인재로 소문난" 학자 나리가 한심하게 물고기에 빠져서 바다만 보고 있다. 그런 그가 창대야-, 라고 불렀다. "내가 아는 지식이랑 너의 물고기 지식이랑 바꾸자. 이건 거래지, 돕는 게 아니지 않느냐."

창대가 "본초서에서도 못 봤던" 바다 지식을 줄줄 읊을 수 있는 것은 그가 물고기를 아는 어부이기 때문이다. 알아야 잡을 수 있으니까. 홍어 다니는 길은 홍어가 알고, 가오리 다니는 길은 가오리가 아니까. 호기심 많은 인간으로 태어나 "사람이 갈 길을 알고자" 학문의 길을 걸어온 약전은 창대를 만난 후 "애매하고 끝 모를 사람 공부 대신 자명하고 명징한 사물 공부"를 시작한다. 어쩌면 "신실하고 정밀한" 성품으로 바다생물들을 "세밀히 관찰하고 깊이 생각하여 그 성질을 터득"한 이 젊은 벗과 함께라면 사람의 갈 길 역시 더 깊이 알아갈 수 있을 것만 같다. 그렇게 창대와 약전은 서로를 서로의 '선상님'으로 모시고 세상에 다시없을 인생의 '벗'으로 익어간다.

하지만 언제까지 '상놈 제자'로만 머물 수는 없다. 게다가 "임금도 필요 없는 세상"을 꿈꾸는 약전의 이상은 창대가 받아들이기엔 너무 크고 높다. 결국 임금 품에 들어야 백성을 위할 수 있을 거라는 믿음 안에 '자산어보'보다 '목민심서'의 길을 택한 창대는 양반 아비의 양자가 되어 갓을 쓰고 과거 시험을 본다. 하지만 뭍에 나가 본 세상은 책 속의 이상과는 거리가 멀다. 백성들의 고혈을 짜내는 양반과 아전들의 인면수심의 행태를 가까이서 지켜보며 창대는 자신의 이름을

나지막이 부르던 스승의 목소리를 기억해 낸다. 돌아가자, 죽어서도 언제나 소리 내어 울어 줄 따뜻한 고둥 껍질의 품으로. 배운 대로 못 산다면 생긴 대로 살아야지. 그렇게 다시 흑산의 바다를 향하는 창대는 음험하고 죽은 검은 먹물 대신, 그윽하고 살아있는 갑오징어의 먹 빛으로 다시 살아난다. 바다의 성게 속에서 날아오른 파랑새, 창대는 배우 변요한의 새로운 얼굴이다.

변요한이 말하는 〈자산어보〉

"〈자산어보〉는 배우로서 늘 제가 꿈꾸어왔던 영화이자
현장이었어요. 바다에 파도가 막 치는 데서 창대가
달빛을 보면서 뒷모습으로 걸어가는 장면 있잖아요.
분장을 하고 있는데 감독님이 무전기로 야! 창대
빨리, 빨리! 나와, 라고 하세요. 일단 급하게 나가서
찍었는데 와- 이 장면이 기가 막히게 나온 거예요.
그런데 자세히 보면 수염이 한쪽 밖에 없어. (웃음)
그런데 그것마저 너무 좋았죠. 그냥 바보처럼, 모든
순간을 바보처럼 좋아했던 영화였어요. 돌아가신
정약전 선생님 댁을 찾아가는 장면은 오래 기다렸고 또
기대했던 촬영이었어요. 남양주에서 찍었는데 설경구
선배님이 본인 촬영도 없는데 오셨더라고요. 촬영
내내 혹시 감정에 방해될까 봐 멀리 숨어서 숨죽이며
지켜봐 주셨는데 큰 배려와 이 작품에 대한 사랑이
느껴져서 감동적이었죠. 아침까지는 정말 아무 생각이
없었거든요. 현장에서도 경구 형이랑 같이 화장실
가서 볼일 보고 나올 때까지도 괜찮았어요. 그러다
딱 촬영에 들어갔는데, 상중(喪中)이라고 쓰여 있는
대문 앞에 서자마자 눈물이 터졌어요. 원래 감독님은
이 장면은 눈물을 절대 흘리지 말라고, 절제의 미로
가자고 했거든요. 그런데 정은(이정은) 누나랑 눈이

딱 마주쳤는데 눈물이 안 멈춰지는 거예요. 배우는
참고 관객이 울어야 되는데 그 순간은 제가 그걸 그냥
허용하지 않았던 것 같아요. 그냥 폭발시켜 버렸어요.
그냥 울어버렸어요. 카메라가 멈췄는데도 눈물에는
브레이크가 안 잡혀서 구석에서 계속 울고 있었어요.
보니까 정은이 누나도 스태프들도 다 울고 있고.
저한테는 그 시간이 되게 마법 같았어요. 사실 그 신을
찍을 때 제가 어떻게 연기를 했는지 기억이 안 나요.
그냥 모든 게 진짜 같았어요. 현실의 벽이 다 무너지고
카메라가 앞에 있다는 것도 신경이 아예 안 쓰였고, 그냥
오로지 가거댁, 정약전 선생님, 그분들의 어린 자식들,
이런 거밖에 기억이 안 나요. 모든 게 다 무너졌었어요.
신기한 경험이었죠. 아… 내가 이러려고 연기를 하고
있구나. 맞아, 이 정도로는 들어가야지. 그런데 과연
내가 진짜 몰입을 해서 들어간 건가 아니면 이 사람들이

너무 좋아서, 정이 들어서, 헤어지기 싫어서 그런
걸까? 그날이 마지막 촬영이었거든요. 하지만 그건
아니었던 것 같아요. 완전한 체화, 완전한 몰입이었어요.
〈자산어보〉끝나고 나서는 내가 또다시 그런 감정,
그런 몰입을 느낄 수 있을까라는 의심마저 들었어요.
처음으로 여운과 후유증이 꽤나 오래갈 것 같다는
예감도 들었고, 실제로 그랬고요. 다시 돌아가고 싶다는
생각도 들고, 영광스럽다는 생각도 들고, 앞으로도
오랫동안 자부심을 느낄 작품이에요. 저라는 배우는
〈자산어보〉를 전후로 너무나 많이 달라졌어요.”

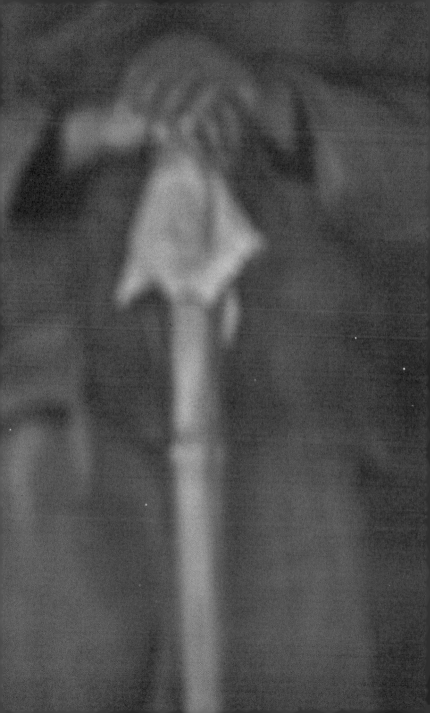

6 와키자카
야스하루

〈한산: 용의 출현〉

"조선과는 곧 전쟁이 끝난다. 관건은 이제 명국과의
싸움이다."

와키자카는 자신만만하다. 당장 눈앞의 승리보다 한 수 앞을
내다보며 더 큰 것을 거머쥘 계획을 세우는 와키자카는 지략과

야심, 용맹함을 모두 갖춘 젊은 장수다. 특히 용인 광교산
전투에서 고작 2천 명의 병사로 5만 명의 조선군을 궤멸시킨
그는 조선군에게는 "수성을 하지 않고도 수성에 성공"한
위협적인 적장인 동시에 왜군 내에서는 "태합전하(도요토미
히데요시)의 기대"를 한 몸에 받으며 '황금 부채'까지 선물
받은 신뢰와 견제의 대상이다. "조선에는 쓸 만한 장수가
많지 않다고 들었는데?"라는 막연한 추측으로 전세를
예상하는 다른 왜장들과 달리 와키자카는 이순신이 결코
만만한 상대가 아니라는 것을 알고 있다. "이순신 따위"라고
쉽게 말하는 부하를 향해 그 '이순신 따위'를 어떻게 잡을
것이냐? 고 반문한다. 그리고 "이순신은 갖지 못했고 내가

가진 필승의 전략"을 촘촘하게 설계해 나간다. 그는 지난 전투에서 돌아온 일본군 군함에서 발견한 송곳니 조각으로 구선(거북선) 용머리에 있는 치명적인 약점을 파악하고, 훔쳐온 구선의 설계도를 분석하며 "화포를 쏘기는 좋으나" 그만큼 노출되는 면적도 큰 전함 측면의 취약함까지 발견한다.

자신감이 넘치지만 좀처럼 목소리를 높이지 않고 "경거망동"하지 않는 와키자카는 "정리할 것"들은 바로 쳐내는 냉혹한 인물이다. 패전 후 구선을 해저괴물 "복카이센"이라 부르며 벌벌 떠는 부하들이 "두려움"이라는 "전염병"을 다른 이들에게 퍼뜨리지 못하도록 즉각 처단하고, "대마도에서 미적거리고 있는" 왜장 가토(김성균)를 유인해 그의 부대를 전멸시킨 후 철갑선을 빼앗는 결단과 잔혹함을 보여준다. 여기에 가토를 살려둠으로써 패전 시 책임회피를 위한 카드까지 미리 준비해 둔다. "각자의 위치를 벗어나지 말며, 응전하지도 말라 하라." 견내량에서 조선 수군을 신중하게 기다리는 와키자카는 "매복"의 명수다. 어둠 속에서 서서히 얼굴을 드러낸 첫 등장처럼 그는 성급하게 나서지 않고 때를 기다린다. 하지만 안택선의 의자에 앉아 카리스마 넘치게 일본 수군을 지휘하던 그는 수세에 몰리자 점점 목소리를 높이고 앞으로 나간다. 일어나 직접 화포를 잡고 쏘고, 포효하며 칼을 빼어 들고, 결국 조총까지 뺏어 집어 든다. 200보, 100보, 50보, 용의 아가리 속으로 뛰어들기를 두려워하지 않는다. 반대로 처음부터 위풍당당하게 용머리를 드러내고 화포를 쏘며 돌진하던 이순신의 구선은 결정적인 순간에 조용히 머리를 안으로 감추며 한산대첩의 반전을 이끌어 낸다. 큰 산 앞에 솟구친 용의 출현 앞에 "날개도 못 펴고" 추락해 버린 비상. 와키자카는 결국 비룡이 되지 못한 잠룡의 비통한 얼굴이다.

변요한이 말하는 〈한산: 용의 출현〉

"물론 저 역시 이순신 장군 때문에 이 작품에 참여한
거지만, 영화에서는 진짜 남자 대 남자로 제대로
부딪혀야지 그분이 더 돋보일 거라고 생각했어요.
왜장이라는 계급장을 떼고, 그 시대에 맞서 싸웠던
용맹하고 비장하고 위협적인, 말하자면 멋있는
남자로 표현하고 싶었어요. 좀 미치고 싶다는 생각이
들었어요. 아니 그냥 미쳤던 것 같아요. 마음속에는
그냥 다 깨부수자! 하는 생각밖에 없었고 진짜 싸우고
싶은 전투력이 생겼죠. 촬영 중에는 박해일, 안성기,
손현주 선배님 등 조선군들에게는 얼굴도 노출시키고
싶지 않았어요. 하루는 해운대에서 조선군을 연기한
배우들이 걸어오더라고요. 바로 돌아서 숙소로
들어갔죠. 조금이라도 흐트러진 모습을 보여주고 싶지
않았어요. 거의 촬영 끝나고서야 만났어요. 〈명량〉에서
와키자카 역을 연기했던 조진웅 선배보다 제가 키도
몸도 작은 편이라 나름 그것에 대한 숙제를 풀려고도
노력했어요. 이 현장에서 무엇이 나의 장기가 될 수
있을까. 정말 솔직하게 말하면 오래간만에 기술을 좀
썼던 것 같아요. 김한민 감독님은 와키자카가 눈도 안
깜빡거렸으면 좋겠다고 하셨어요. 폭탄 맞을 때도 눈을
뜨라고. (웃음) 분장팀하고 회의를 되게 많이 했어요.

장면마다 그에 맞는 얼굴로 분장을 계속 바꿨었어요.
제가 호랑이 띠거든요. 진짜 호랑이 사진을 보여주면서
이렇게 해달라고 했어요. 눈꼬리도 더 올라가게, 주름도
가짜로 좀 만들고, 제가 고혈압이 있어서 이마에 핏줄이
잘 서는데 그것도 더 살려달라고, 난 무조건 핏줄이
나오게 혈압을 올릴 수 있다고. (웃음) 붕대 감는
신에는 약간 좀 청초하고 싶다, 머리를 더 풀어달라는
식으로. 그런 회의를 정말 질리도록 붙잡고 했던 것
같아요. 심지어 치과도 갔었어요. 송곳니를 뾰족하게
갈아볼까 하고. 붙이는 치아가 있는데 떼는 데 1년
걸린다고 하서서, 죄송합니다, 하고 나왔지만요. 대신
웃을 때 송곳니가 보이는 입의 구조를 찾아가면서
연기했어요. 보조개를 없애려고 수염으로 가려서 덮고,
쌍꺼풀도 웬만하면 안 보이게 하려고 촬영 감독님에게
앵글을 약간 위에서 눌러서 잡아 달라고 부탁했죠.
그렇게 이미지적으로 작품에 도움이 되는 모든 기술을
사용하려고 했어요. 이순신에게 이 전쟁이 "의와 불의의
싸움"이라면 와키자카에게는 '의와 승의 싸움'이라고
생각했어요. 무조건 따르라! 그렇기 때문에 장군으로서
우리 왜군들의 기를 죽이지 않는 것이 목표였어요.
계속 갑옷 쳐주면서 말했죠. 야! 우리가 짱이야! 조선
깨부수자! 우리가 승부를 볼 수 있는 건 단합밖에 없다!
상대는 내공이 엄청나다! 한번 갈 데까지 가보자! 야!
조선 쪽 시나리오는 읽지도 마! 우리는 다른 영화 찍는
거야! (웃음) 왜군들끼리 단합이 진짜 잘 되었어요.
보조 출연자들도 한 배에 타면 다 우리 편이니까 한 분

한 분 다가가서 말을 걸었어요. 공연하셨죠? 연극에서
봤었어요, 하면서, 진짜 그들을 이끄는 장군이 되려고
했어요. 어느 순간 촬영 끝나고 집에 가는데 웃통
벗고 변발을 한 열다섯, 스무 명 되는 출연자 분들이
고개 숙이면서 인사를 하시더라고요. 하이 도노!
고생하셨습니다!" (웃음)

ACTOR ON SET

ACTOR ON SET

김산, 당신의 이름을 지어다가 하루를 먹었다

〈삼식이 삼촌〉 현장의 변요한

촬영 현장에서 보는 배우의 연기는 조금 다른 맛이 난다. 깔끔하게 손질되고 포장된 한 편의 완성품으로 극장과 TV에 납품되기 전, 별의 개수나 몇 자의 글, 입소문 등으로 평가되는 '상품'이 되기 전, 그들의 노동 혹은 예술에는 누구도 훼손할 수 없는 신성함이 푸르고 신선하게 깃들어 있다. 그런 선도 높은 연기의 조각을 그 자리에서 생으로 맛본다는 것은 더없이 귀하고 짜릿한 경험이다.

특히 "역시 현장이지 말입니다" 라는 외침이 이보다 잘
어울릴 수 없었던 배우를 이해하기 위해 그의 현장을 찾는
것은 필수적 단계처럼 느껴졌다. 다행히 『넥스트 액터
변요한』을 집필하는 동안 변요한의 새 작품이 촬영에
들어갔다. 〈미스터 션샤인〉 이후 오랜만에 긴 호흡으로 배우
변요한을 만나게 될 10부작 시리즈 〈삼식이 삼촌〉이다.

송강호 배우의 첫 드라마 출연작으로 화제를 모았고 신연식
감독이 직접 쓰고 연출하는 〈삼식이 삼촌〉은 자유당 장기집권
하의 1950년대 말부터 4·19 혁명, 5·16 군사정변으로
이어지는 격동의 60년대를 살아간 삼식이 삼촌(송강호)과
김산(변요한)의 결속과 반목의 드라마다.
변요한이 연기하는 김산은 육군사관학교 출신으로 올브라이트

재단의 후원을 받아 미국 육군사관학교로 유학 갔다
경제학까지 공부하고 돌아온 엘리트 청년이다. 그는 여전히
끼니를 걱정해야 하는 조국의 현실에 분개하며 총칼보다는
경제로 이 나라를 살리겠다는 뜻을 세운다. 그런 김산 앞에
전쟁 중에도 자기 식구들을 절대 굶기지 않고 하루 세 끼 다
먹였다는 '삼식이 삼촌'이 홀연히 나타난다. 그리고 그 꿈의
든든한 동조자가 되겠노라며 거절할 수 없는 손을 내민다.

2023년 3월 초 크랭크인 한 〈삼식이 삼촌〉 중 변요한 배우의
7회 차 촬영은 서울 종로의 한 오래된 극장에서 진행되었다.
삼식이 삼촌이 김산이라는 존재를 흥미롭게 인지하게 되는
운명적인 첫 만남의 시퀀스다. 3월 18일 토요일. 이른 봄
아침의 상쾌함을 등지고 퀴퀴한 냄새가 나는 좁고 어두운
계단을 따라 3층까지 올라가자 마치 타임 리프를 한 듯한
풍경이 펼쳐진다. 무명 두루마기부터 가죽점퍼, 신식

양장을 입은 한 무리의 사람들 사이에서 금속 안경 속에
예민한 안광을 뿜어내는 한 청년이 눈에 들어온다.
변요한, 아니 김산이다. 10여 년 전 폐관했다는 이 낡고
생기 없는 재개봉관은 100여 명의 보조출연자와 주요
배우들로 하나 둘 채워지면서 전에 없는 생기를 띠었다.
그리고 \"슛\" 하는 사인이 떨어지자 조국의 변화를 외치는
목소리가 뿜어져 나오는 60년 전 뜨거운 공간으로 이내
탈바꿈했다.

　　현장에서 만나는 변요한은 어딘가 좀 낯설었다. 늘 진중한
사람이라는 점은 같았지만 인터뷰나 사석에서 보았던 특유의
미소는 찾아볼 수 없다. 신연식 감독의 말에 따르면 "평소에는
모니터 룸에 와서 의견도 많이 내고 상의도 많이 하는 편"
이라고 하지만 오늘은 노련한 여유 대신 촬영을 앞둔 긴장과

흥분을 고스란히 품은 채 나를 맞이했다. "어쩐지 배가 부른 상태에서는 연기가 잘 안돼서 말이죠…" 하루 세 끼를 먹었다는 삼식이 삼촌의 영험한 기운도 소용없었다. 이 날 마지막 촬영으로 배치된 김산의 연설 장면을 앞둔 변요한은 세 끼를 모두 거른 상태로 그저 아이스 아메리카노와 담배만을 연료 삼아 오전, 오후의 모든 촬영을 소화해 내고 있었다. 대규모 군중 속에 액션과 드라마가 뒤섞인 꽤나 복잡한 촬영이 진행되었지만 변요한에게는 극장 귀퉁이 자리에 앉아 때로는 동조의 박수로, 때로는 근심 어린 시선으로 상황을 바라보는 침묵의 연기가 주어졌다. 그렇게 해가 지고 나서야 긴 시간 예열되었던 김산의 점화가 마침내 시작되었다. 객석에서 연단으로 옮겨가며 긴 호흡으로 이어지는 김산의 설득력 있는 주장 앞에 60년 전 그곳의 사람들뿐 아니라 현장의 스태프와 동료 배우들도 일제히 숨을 죽인다. 누구보다 집중해서 변요한의 연기를 모니터하던 송강호는 두 번째 테이크가 끝나자마자 "너무 감동적인 연설이지 않아?"라며 손뼉을 친다. 그 손뼉은 어쩌면 번뜩이는 눈으로 남다른 인재를 알아본 삼식이 동시에 치고 있었는지도 모르겠다.

"요한이라니, 너무 좋다고 말했던 기억이 납니다."
송강호가 김산 역의 캐스팅 소식을 듣게 된 것은 영화제 참석 차 LA에 머물고 있던 시기, 국제전화를 통해서였다. 특히 변요한이 대본을 읽자마자 바로 출연을 결심했다는 신연식 감독의 전언을 듣고 "이 작품을 대하는 그 친구의 태도와 자세가 바로 전달되었다"라고 말한다. "빨리 판단을 하고 빨리 대답을 해서 좋았다는 뜻이 아니라 그만큼 본인에게 김산에 대한 열망이 넘친다는 뜻이거든요. 이 역할은 그런 배우가 하는 게 맞다고 생각했죠.

김산은 하나의 목표를 위해서 좌고우면하지 않는 캐릭터라고 생각했어요. 동시에 인간적인 번뇌와 좋은 심성을 갖고 있기도 하고요. 변요한이라는 배우가 가진 에너지와 너무 잘 맞겠다 싶었죠."

나는 모니터룸으로 내준 무대 옆 작은 대기실에서 연기 중인 변요한의 뒷모습을 한참 바라보았다. 그는 매 테이크 거의 4분 가까이 이어지는 연설 장면을 처음부터 끝까지 반복하고 또 반복했다. 3대의 카메라가 자신을 오롯이 향해 있을 때뿐만 아니라 다른 배우들의 리액션 컷을 찍기 위해 모두 등지고 있을 때도 대사의 힘과 높이, 속도에 변함이 없다. 동선도 동작도 흐트러짐이 없다. 대단한 집중력과 체력이었다. 그날의 촬영은 오후 11시가 다 되어 끝이 났다. 변요한의 가벼운 미소를 본 건 그때가 처음이었다.

114 배우들이 빠져나간 극장. 객석마다 붙여놓은 캐릭터의 이름표를 바라본다.

김. 산.

겨우 1m 남짓한 빈 의자에 붙여진 외자의 이름을 채우기 위해 오늘의 변요한은 청춘의 하루를 아낌없이 불태웠다. 이 배우의 의자는 계속 새로운 이름표로 바뀔 것이다. 야속하게도 연기란 절대로 익숙해질 수도 쉬워질 수도 없는 일일 것이다. 매번 피가 마르고 입이 타들어가는 긴장의 하루를 보내게 될 것이다. 그럼에도 불구하고 이기적인 관객은 현장의 변요한이 늘 오늘처럼 치열하게 그 의자를 채워주길 바란다. 그 이름으로 오랫동안 우리를 먹여주길 바란다. 그러기 위해서는 부디 삼식까지는 아니라도 한 끼라도 먹었으면 좋겠다.

BEATS

비트(Beats)?

연기의 목적을 달성하는 행동의 조각. 러시아 연출가이자
연기 교육자였던 콘스탄틴 스타니슬랍스키(Konstantin
Sergeevich Stanislavski)가 정의한 연기
행동(action)의 최소 단위, 러시아어인 `кусок(한 조각)`은
이후 스타니슬랍스키의 초기 시스템과 방법론을 적용시킨
미국 현대 영화인들에 의해 `Beat` 혹은 `Bit`로 번역되어
사용되었다. 배우가 구현한 연기의 성취에 접근하기 위해
액톨로지(Actorology, 배우학)는 연출, 카메라 혹은 편집의
단위인 신(scene)과 숏(shot) 대신 `비트`를 연기 분석의
단위로 삼는다. 각 비트의 구분점은 연구 대상(배우)을
기준으로 나뉜다. 하나의 신과 숏 속에 여러 개의 비트가
존재하기도 하고, 하나의 비트가 여러 신과 숏에 걸쳐
구현되기도 한다. 연구자의 연기 비트 분석은 연출자의
목적이나 배우의 해석과 다를 수 있다.

BEATS 1

너의 귀, 손, 입,
우릴 휘감던 네 몸짓

〈미생〉 EPISODE 12 TC 00:08:33~00:10:10

장그래가 제안한 요르단 중고차 수출사업 건을 진행하기로
결정한 오상식 차장과 영업 3팀. 여러모로 이 상황이 마뜩지
않은 천 과장(박해준)은 "신입의 패기"로 밀어붙이고
있는 일이 조직에 미칠 엄청난 파장을 경고하며 장그래를
나무란다. 탕비실 밖에서 그들이 나누는 이야기를 엿듣는
석율. 놀란 듯 "대-박!"을 외친다.

119

석율   오 차장님 완전 존경! 세상에,
        신입 의견을 덥석 받으셨네. 허허허.

백기   영업 3팀은 정말 돈 되는 일이라면
        다 하네요.

회사 야외 벤치에서 일어나려던 백기를 영이
옆으로 다시 앉히는 석율. 손가락을 튕기던
오른손으로 파라솔 봉을 잡고 영업 3팀의 상황을
신나게 브리핑한다.

2   **영이**   뭐 어쨌든 시작했으니까 끝은
        보겠네요, 끝장 보는 거
        장그래 씨 특기니까.

석율   영이 씨는 보면 은근 장그래 칭찬
        많이 해, 응? 장그래 좋아해?

영이   네?

석율   나 섭섭해. 우리 칭찬은 한 번도
        안 하고 그지, 백기 씨?

영이   아, 제가 언제 그랬어요.

무심하게 손톱 밑 거스러미를 떼어 뱉다가, 숨을
크게 한 번 들이마신 후 장그래를 향한 영이의
마음을 따지듯 떠본다. 파라솔 봉을 잡고 한 바퀴
빙그르르 돌며 자신들에게는 무심한 영이에게
섭섭함을 표시하다 백기 앞에 멈춰서 손을
내밀며 공감을 갈구한다. 황급히 부정하는 영이.

3	석율	IT 팀 박 대리 일 때도, 응? 장백기 씨 까지 않았어? 장그래는 끝까지 남아 있었다고 칭찬하고 백기 씨는 그냥 들어왔다고 까고. 그지 백기 씨?
	영이	아이, 그때는.

영이의 말에 바로 반박하는 석율. 눈을 감고
고개를 설레설레 흔들며 박 대리 사건을
언급한다. 당황한 듯 듣고 있는 백기와 영이.
백기에게 동의를 구하자 변명을 시작하려는
영이. 듣기 싫다는 듯 일어서려는 백기.

4	석율	아— 맞다. 재무 팀 김선주 부장 때도 결국 장그래 말 들었지, 응? 백기 씨가, 우리 백기 씨가 가지— 말라고, 가지— 말라고 그렇게 얘기했는데 그냥 갔잖아. 그렇지, 백기 씨?

백기의 어깨를 잡아 다시 앉히며 갑자기
떠오른 듯 김선주 부장 일을 기억해 내는 석율.
두 손으로 무릎을 두 번이나 쳐가며 백기의
섭섭했던 심경을 모사한다. 또다시 백기를 보며
동감해 달라고 요청하지만 고개를 돌려 시선을
피하는 백기.

5	**석율**	하 대리! 하 대리, 내가 그냥 들이받으라고 했지, 어? 장그래 본 보고 시키지도 않았는데 그, 트럭… 트럭에 날 태워 가지고, 어! 김 여사 운전을 하면서.

핑거스냅과 함께 이번엔 하 대리와의 일을 상기하며 짜증을 내는 석율. 이어 트럭을 타고 지방에 갔던 상황을 떠올리며 아찔한 듯 눈을 감고 무릎을 짚다가, 운전에 미숙했던 영이의 모습을 우스꽝스럽게 따라 한다.

6	**석율**	은근 보면 장그래 말 잘 들어 그지? 백기 씨, 엄청 기분 나쁘지 그지, 백기 씨? 장그래는….
	백기	아이, 거 장그래 씨 얘기는 왜 계속하는 겁니까?

장그래에게만 호의적인 영이의 본심을 재차 의심하며 백기에게 함께 기분 나빠해 달라고 동의를 구하지만 백기는 드디어 짜증을 낸다.

7   **석율**   할 만하니까 하는 거지.
아니, 걔가 아니면 박 과장 요르단
중고차 사업 다시 하자는 그런
깜찍한 발상을 누가 하겠어.
장백기 씨 할 수 있어, 어?

잠깐 눈을 깜빡이며 한 템포 쉬었다가 이내
더 강하게 백기에게 장그래 이야기를 계속할
수밖에 없는 이유를 따지듯이 설명한다. 뒤에서
하 대리가 서서히 등장한다.

---

8   **하대리**   야, 뭔 소리야? 영업 3팀이 뭘 해?

영이, 백기와 함께 놀란 듯 자리에서 일어난다.
석율도 긴장한 듯 양복 깃을 여미며 똑바로 선다.

한석율의 동기들은 말수가 적다. 냉철한 장백기와 똑 부러지는 안영이, 그리고 과묵한 장그래까지. 이들은 쓸데없는 일에 끼어들지 않고, 꼭 필요한 말만 하는 사람들이다. 반면 석율은 청자가 있건 없건 자기 할 말은 다 하고야 마는 사람이다. 드라마 〈미생〉은 사내 정보통인 석율의 대사를 통해 에피소드 진행을 위한 많은 양의 정보를 시청자들에게 전달한다. 이런 역할의 특성상 배우 변요한은 상대적으로 많은 대사를 담당하고 있다. 이 신에서 석율의 대사는 두 동기들보다 거의 10배는 많다. (512자(석율): 65자(영이): 54자(백기)) 게다가 이 비트에는 대사를 통해 수행해야 할 임무가 다양한 층위로 깔려있다. 영업 3팀의 상황에 대한 팩트 브리핑(비트 1)에 그치지 않고, 장그래에 대한 안영이의 호감을 의심하는 척 장백기의 질투를 살짝 도발하고, 결코 만만한 상대가 아닌 장그래를 향한 자신의 묘한 긴장과 견제도 드러내야 하는 심리(비트 7)전달도 병행된다. 또한 그 과정에서 IT 팀 박 대리, 재무 팀 김선주 부장, 하 대리가 지시한 인천항 물류 배달 에피소드까지 지난 12회까지의 하이라이트를 잠시나마 시청자들에게 상기시켜 주는 일도 담당한다.

변요한은 채 2분도 되지 않는 시간 동안 음높이의 고저, 와다다다 이어가다가 돌연 끊는 호흡, 중모리, 중중모리를 오가는 속도 변주를 통해 효율적인 대사 전달과 함께 비트 전체의 감칠맛을 동시에 잡는다. 이 배우가 활용할 수 있는 연기 행동반경은 안영이와 장백기가 앉아 있는 2인용 벤치 길이에 파라솔까지의 넓이가 다지만 그는 한 시도 쉬지 않고 몸을 움직이며 허락된 공간을 최대로 활용한다. 도구(파라솔 봉)를 이용해 몸의 움직임을 만들면서 청자를 자연스럽게 이동시키고, (비트 2) 처음 주의를 끌거나 중간에 다시 끌어모으는 '딱'하는 핑거 스냅 소리, (비트 1, 비트 5) 지난 일을 마치 현재의 일처럼 재연하는 직접화법의 생생함(비트 3, 4, 5) 속에 추임새처럼 들어가는 고개 흔들기, 무릎치기, 운전대 잡기 같은 과장된 행동 모사(비트 4, 5)까지 펼치는 가운데 영이와 백기의 호응을 유도하고 대거리를 받아주기도 한다. 자유로운 바이브를 멍석으로 깔고, 촘촘하고 입체적인 퍼포먼스로 관객의 혼을 쏙 빼놓는 한 편의 마당극 같은 비트다.

BEATS 2

우느냐 마느냐,
그것이 문제로다

〈보이스〉 TC 01:39:48~01:41:25

경찰이 들이닥치자 곽 프로(김무열)는 콜센터 옥상으로
도망친다. 그를 쫓아 올라간 서준은 건너편 건물로
도주하려던 곽 프로의 발목을 잡아 끌어내린다. 온몸으로
돌진해 부딪힌 후 나자빠지는 두 사람. 맨주먹이 오가는
엎치락뒤치락 육탄전이 벌어진다. 서준의 복부 상처를
쥐어짜는 것으로 탈출한 곽 프로가 바닥을 기어 필사적으로
총을 잡지만 그 사이 서준은 에어컨 실외기를 땅 아래로
던져버린다. 실외기와 연결된 전선에 감겨 꼼짝없이 옥상
끝까지 끌려온 곽 프로는 포박된 채 총을 놓는다. 이제
곽 프로의 목숨은 서준에게 달려있다.

1

곽 프로 씨발 새끼, 개새끼!

곽 프로가 목을 죄고 있는 전선에서
빠져나오느라 버둥거리는 동안 고개를 숙인 채
앉아있던 서준이 총을 집어 들고 일어난다. 잠시
넘어질 듯 비틀거리다가 곽 프로를 마주 보고
똑바로 선다. 당황한 듯 욕설을 내뱉는 곽 프로를
무표정한 얼굴로 바라보며 총구를 겨눈다.

2

곽 프로 쌰! 쌰봐 씨발, 나 하나 죽는다고
뭐 이게 다 끝날 것 같애? 쌰! 씨발.

서준 허—

곽 프로의 마지막 발악에 탄식을 내뱉는 서준.
총을 든 채 고개를 들고 흐느끼다 결국 무릎을
꺾은 채 눈물이 고인 눈으로 곽 프로를 바라본다.

3

곽 프로 쌰——— 씨발 새끼야.

서준 음… 음… 후…
(총성 두 발)

고개를 숙인 채 잠시 숨을 고른 후 다시 총을
들고 일어선다. 부릅뜬 눈에서는 피눈물이
흘러내리지만 무표정한 얼굴로 곽 프로를 향해
조준한다.

4   **이 팀장**   한서준! … 수고했어.

      곽 프로   아아아아―.

      곽 프로 머리 뒤 벽에 보이는 두 발의 총알 자국.
      그때 서준의 이름을 부르며 옥상으로 올라온
      이 팀장과 경찰들. 넋이 나간 듯 총을 내려
      이 팀장에게 순순히 총을 건네준다.

---

5   **경찰**   가만있어 이 새끼야.

      이 팀장   끌고 가.

      곽 프로   아후, 씨발… 어우… 고마워요!

      수갑을 차고 연행되면서도 소리내 웃는
      곽 프로를 쳐다본다. 그제야 부상의 통증을
      느낀 듯 왼쪽 배를 감싸고 망연자실 서있다.

서준은 마침내 맞이한 최후의 처단을 위해 지친 몸을 일으켜 세운다. (비트 1) 이때까지의 동력은 보이스 피싱으로 가족과 동료들의 삶을 파탄에 이르게 한 자에 대한 복수심과 30억 원의 피해액을 제자리로 돌려놓겠다는 일념이 섞여있다. 잠깐의 감정 동요를 지나 (비트 2) 아직 임무가 끝나지 않았음을 상기하며 정신을 차린 후, (비트 3) 모든 상황이 종료된 후의 얼얼함(비트 4)을 거쳐 부상의 고통을 느낀다. (비트 5) 한국을 떠날 때 김현수 변호사를 만나면 어떻게 할 거냐는 깡칠(이주영)의 질문에 덤덤하게 "죽일 거야"라고 말했던 그는 처음 결심한 방식대로 복수를 완성하지 않는다. 타인의 고통을 "맛있게" 즐기던 자에게 더 이상 먹이를 던져주지 않는 선에서 임무를 멈춘다. 이 영화는 "호연지기" 넘치는 맨손의 영웅이 홀로 적진으로 뛰어들어 장렬하고 스타일리시하게 악당을 처단하는 카타르시스를 안겨주지 않는다. 대신 보이스 피싱 범죄가 한 명의 악인을 제거하는 것으로 끝나지 않는다는 씁쓸한 현실을 보여준다. 이처럼 장르적 쾌감 대신 리얼리티를 선택하는 엔딩이 영화의 방향성이자 감독의 선택이라면, 이런 결정에 이르기까지 캐릭터의 감정 구축과 해석은 배우의 영역으로 넘어간다. 변요한은 2분 40초 가량의 러닝타임을 5개의 비트로 쪼개 유연하게 이어간다. 가장 인상적인 선택은 눈물의 필요성과 그 타이밍이다. 곽 프로의 입에서 흘러나오는 뻔뻔한 협박을 들은 서준이 '비트 2'의 감정을 거치지 않고 바로 '비트 3'으로 넘어간다 해도 영화의 결론을 해치는 연기가 아닐 것이다. 혹은 결국 죽이느냐 아니냐에 대한 긴장감을 고조시킬 수 있도록 서준의 흥분과 광기의 지수를 더욱

높이는 연기로 비트 2를 내세울 수도 있었을 것이나. 하지만 변요한은 여기서 돌연 흐느낀다. 상처에서 떨어진 피와 합쳐진 피눈물을 흘린다. 만약 이 눈물을 `비트 5´ 지점에서 흘렸다면 곽 프로를 끝내 죽이지 못했다는 후회나 여전히 응어리진 분노 혹은 억울함으로 해석될 수 있을 것이다. 하지만 변요한은 `비트 2´에서의 흐느낌과 `비트 5´의 망연자실한 모습을 통해 복수라는 것이 결코 차갑고 뜨겁게 즐기는 성찬이나 환호성을 내지르는 쾌감일 수 없음을 보여준다. 대신 집요하게 쫓아 올라온 꼭대기에서 인간의 악랄함과 저열함을 마주한 허탈함 그리고 모든 추격과 복수가 끝난 후 찾아온 허무함에 집중한다. 처절한 개싸움 액션 속에서도 캐릭터의 진짜 마음까지 파고든 통찰력 있는 비트다.

ACTOROLOGY

원초의 변요한

BYEONYOHANOLOGY

"불태워 버렸어... 새하얗게…" 변요한을 생각하면 만화
〈내일의 죠〉의 마지막 컷이 떠오른다. 새하얀 재만 남을 때까지
링 위에서 스스로를 완전 연소시켜 버렸던 한 인간의 모습.
취미로 한다는 복싱 글러브를 끼고 "입술이 보라색"이 될
때까지 주먹을 날리고, 독학했다는 드럼 심벌을 무아지경으로
두드리는 모습에서 어렴풋이 예상을 하긴 했다. 그러나 책을
준비하는 긴밀한 과정에서 직접 보고 느낀 그의 에너지는 더욱
놀라웠다. 뭔가를 부탁하면 잊는 법이 없었다. 문자메시지의
답장은 지체 없이 날아왔고, 음악 추천은 한 달이 넘도록

이어졌다. 무주산골영화제에서 상영될 셀프 트레일러 촬영을 위해서 영화 동료들을 직접 끌어모았고, 전시에 쓰일 소품 외에도 흩어진 사진들과 오래된 그림일기까지 발굴해 오는 수고를 마다하지 않았다. "그만하면 잘했어(Good Job)" 라는 말을 제일 싫어했던 〈위플래쉬〉의 플래처 선생이 애제자로 탐낼 만한 사람이었다. 배우연구소에서 진행된 변요한과의 인터뷰는 오후 2시에 시작해 밤을 꼬박 새우고 다음 날 오전 8시가 되어서야 끝이 났다. 브레이크 없는 18시간의 인터뷰 동안 그는 흐트러짐 없는 집중력과 잠깐 샛길로 빠지더라도 반드시 애초의 질문 주제로 돌아가는 비상한 기억력을 보여주었다. 미사여구나 현학적인 말로 포장하지 않지만 날 것처럼 솔직하고 명료한 그의 대답들은 인터뷰라는 작업의 묘미를 다른 방식으로 확장시켜 주었다. 밝아오는 아침 해를 뒤로하고 그가 물었다. "진짜 끝난 거예요? 질문 두 개만 더 해주세요."(웃음) 한번 시작하면 대충 하는 법이 없는 고밀도의 뜨거운 사람, 어떤 작품이든 패기로 달려들고 기세로 몰아치고 투지로 싸우고 집념으로 버티는 변요한에게는 실패와 좌절이 있을지언정 염세나 비관이 들어갈 틈은 없어 보였다.

원초적, 동물적, 뜨거움, 광기, 본능, 야성. 이 배우 앞에 자주 붙는 수식어들이 과장이 아닐 만큼 변요한은 태초의 인류가 가졌을 성질을 고스란히 안고 살아가는 현대인처럼 보인다. 자유롭게 모험하고, 집요하게 사냥하고, 뜨겁게 사랑하고, 목놓아 울고 그러다 모닥불 앞에 모여 춤추고 노래했던 인간. 바람처럼 떠도는 검객 땅새나, 호텔 글로리 303호를 사랑했던 투숙객 김희성처럼 그에게는 안정적인 정착자보다는

136

광야를 떠도는 방랑자의 기운이 낭만적으로 감돌고 있다. 그래서인지 독립영화 시절의 카메라는 사회로의 편입 앞에서 고통받는 젊은이들의 얼굴 위로 배우 변요한을 유독 자주 겹쳐놓았다. 제약회사 면접장에서 땀을 뻘뻘 흘리는 〈타이레놀〉의 종수부터 등록금과 양심 사이에서 갈등하는 〈목격자의 밤〉의 지훈, 피아니스트로서의 꿈이 돈 앞에서 좌절되는 〈리타르단도〉의 유성, 교수의 양말주를 받아먹은 사발을 쓰고 망연자실해진 〈들개〉의 정구, 고용주 앞에서 무릎을 꿇고 양주를 병째 입으로 받아 마시는 〈마돈나〉의 혁규까지. 시스템에 진입하기 위한 주인공들의 수치스럽고 고통스러운 운명은 변요한의 자유분방한 본성과 충돌하면서 더욱 극적인 대비를 만들어 냈고 그것은 영화의 긴장감으로 긴요하게 작동했다. 하지만 변요한은 하나의 활용법에만 스스로를 묶어두지 않았다. 신인 배우에게 열정은 특권이자 독이다. 그 충만한 뜨거움으로 빠르게 주목받다가 너무

빨리 소진되는 경우도, 에너지를 제대로 다스리지 못해 휘청거리다 끝내 꺾이는 경우도 자주 목격하게 된다. 그중 몇몇은 뻣뻣한 야생의 털을 스스로 밀고, 순하고 특징 없는 직업인으로 생존하는 경우도 더러 보았다. 반면 변요한은 천성을 현명하게 다스리고 지키는 방법을 빨리 찾아낸 행운아다. 어린 시절부터 춤을 추고, 악기를 연주하고, 노래를 하고, 급기야 카메라 앞에서 연기하는 삶을 선택한 그에게 예술은 일종의 정화 의식처럼 보일 정도다. 자유로운 원초의 기질을 잃지 않으면서도 조화롭게 이 사회 속에 공존하는 방법, 심지어 많은 이들로부터 사랑받는 길을 찾아낸 것이다. 그런 그에게 장편 데뷔작으로 〈들개〉가 찾아온 것은 어쩌면 운명적이다. 당장이라도 폭발할 것

같은 영화의 긴장감은 단지 시나리오의 힘만은 아니었다. 발작처럼 솟아오르는 파괴 본능과 사회화를 막는 광기를 간신히 누르며 집개로 살아가려 애썼던 어떤 청년의 초상은 20대의 변요한에게 이보다 더 어울릴 수 없는 얼굴이었다. 하지만 매 작품을 통해 자신을 조금씩 확장하고 단련시켜 온 이 배우는 이제 〈한산〉의 와키자카처럼 이글거리는 야수성을 무거운 갑옷 안에 안전하게 장전하고 낮게 깔리는 목소리와 눈빛만으로도 영화를 장악할 수 있는 범접할 수 없는 카리스마의 배우가 되었다. 정글에서 발견한 모글리 같던 소년은 어느덧 호랑이 형상을 한 지략가의 시대를 용맹하게 통과 중인 것이다.

구직사이트 이력서라고 해도 과언이 아닐 정도인 변요한의 필모그래피는 한 편 한 편이 노동의 증거다. 데뷔작 〈토요근무〉에서의 첫 등장은 주말에도 이어진 업무 때문에 차 안에서 잠시 눈을 붙이고 있는 인터넷 설치기사의 모습이었다. 〈목격자의 밤〉에서는 시장에서 바쁘게 물류상자들을 옮기고, 편의점에서 토하고 싸우는 손님들의 뒤치다꺼리까지 한다. 〈감시자들〉에서는 무장강도들을 태운 아슬아슬한 곡예운전사이고, 〈미생〉에서는 "퇴근하고 싶은데 자꾸 야근하게 되"는 일복 많은 상사맨이다. 〈육룡이 나르샤〉에서는 숟가락보다 칼을 더 자주 들고, 〈하루〉에서는 매일 구급차를 몰아도 아이를 낳아 기를 형편이 되지 않는 고된 가장의 삶을 살아간다. 〈자산어보〉의 창대는 거친 바다와 싸우며 낚시와 물질로 가족의 생계를 책임지는 어부고, 〈한산〉의 와키자카 역시 직접 칼을 들고 총포를 쏘며 진군하는 행동파 장군이다. 〈보이스〉의 서준은 전직인

형사였을 때도, 건설현장에서도, 보이스 피싱 일당을 잡겠다고 적진에 뛰어든 후에도 쉬지 않고 달리며 피, 땀 그리고 눈물을 흘린다. 이렇듯 〈미스터 션샤인〉의 "희고 말랑한 약골의 사내" 김희성을 제외하면 변요한의 인물들은 대부분 명확한 육체노동을 통해 자신을 증명시켜 나가는 호모 라보란스(Homo laborans), 즉 노동의 인간이다. 그리고 그들을 연기하는 배우 변요한 역시 단련된 육체로 자신의 존재를 입증시키는 노동의 배우다. 〈보이스〉에서 대역 없이 99% 가깝게 소화해 낸 육중한 맨몸 액션연기는 서준의 간절함과 고통을 제대로 간접 체험하게 만든다. 왜구들을 벌벌 떨게 만들었던 `까치독사'이자 `삼한 제일검'인 〈육룡이 나르샤〉의 이방지는 길태미(박혁권), 척사광(한예리) 등과 검술을 겨루면서 점점 진화한다. 50부작 동안 쉬지 않고 이어졌던 이방지의 고된 검술 액션은 캐릭터의 설득력이 단지 대사와 표정으로만 만들어지는 것이 아님을 새삼 깨닫게 만든다.

그는 검객(劍客)이자 가객(歌客)이다. 바람을 가르며 검을 휘두르다가도 구슬프게 `청산별곡'을 부르는 모습처럼 칼과 노래는 변요한에게 한 몸처럼 붙어있다. 악기를 연주하거나 노래하는 변요한의 모습은 영화, 광고, 방송, 라디오 등에서 쉽게 만날 수 있다. 개인 밴드를 결성하기도 했을 만큼 음악에 진심이라는 그에게 음악과 운동은 어느덧 일상의 루틴으로 자리 잡았다. 그리고 이것은 취미에 그치지 않고 본업인 연기의 중요한 요소가 되었다. 〈미생〉의 변요한에게 시청자들이 점점 홀려 들었던 것은 5:5 가르마만큼이나 정확하게 배분된 한석율만의 독특한 움직임과 대사의 리듬이었다. 〈한산〉의 와키자카 역시 마찬가지다. 때론 꼬물거리는 손가락을 메트로놈 삼아, 단어와 단어 사이를 잇는 리듬을 통해 관객들은 와키자카의 감정을 자막 없이도 느끼게 된다. 모국어가 아닌 외국어로 연기하는 배우로서 〈한산〉에서 변요한이 보여준 중요한 성취는 꺾이지 않는 기세와 자신감 그리고 좀처럼 흐트러지지 않는 자신만의 템포였다. 느린 리듬은 느리게, 빠른 리듬은 빠르게, 끌지도 앞서지도 않은 템포로 몸과 감정을 기민하게 움직일 수 있는 능력, 신체기관의 움직임을 리듬에 맞춰 자유롭게 통제하는 협응성은 하루아침에 만들어지는 것이 아니다. 일만 시간의 반복과 훈련을 통해 준비된 변요한의 연기는 때론 즉흥적일 수 있겠지만 절대 우발적일 수 없다.

사람 변요한의 열정적인 에너지 때문에 자칫 오해할 수 있지만, 그동안 연기해 온 변요한의 인물들은 좀처럼 먼저 나서는 법이 없다. 때론 타고난 본성을 부정하거나 "오래된 질문"을 미뤄두거나, 비슷한 종족, 인생의 스승, 대적할 상대가 나타날 때까지 침잠한 채 기다린다. 〈한산〉에서 와키자카의 첫 등장을 떠올려보자. 그는 두려움에 떨고 있는 부하들 앞에 앉아 "복카이센"(전설의 해저괴물)을 신호로 비로소 천천히 자신의 얼굴을 드러낸다. "짜릿했지?… 오래간만에"(〈들개〉), "야! 솔직히 재밌지?"(〈소셜포비아〉), "신고? 어디, 해봐!"(〈별리섬〉), "그건 부끄러움의 문제거든"(〈미스터 션샤인〉), "이건 거래지, 돕는 게 아니지 않느냐"(〈자산어보〉) 혹은 "저 김현수 변호사라고 합니다"(〈보이스〉)처럼 작품에 따라 다른 말로 변주된 행동 명령어가 던져지기 전까지 그들은 언젠가 발견되기를

기다리거나, 결정적인 부싯돌의 출현을 고대한 채 대기
중이다. 누군가는 자신이 인화성 물질인지조차 모른 채
흘러왔을 것이다. 그러나 마침내 번쩍 하는 점화의 순간,
외면했던 본성, 끝내 거부했던 운명과 직면한다. 그러나
그것은 새로운 발견이라기보다는 잠재된 자아의 각성에
가깝다. 그 과정을 통해 촉발된 분노, 전의, 호기심, 사랑,
사명감, 수치심, 정의감을 동력으로 싸우거나, 성장하거나,
참회하거나, 변모해 나간다. 세상 무용한 것들을 좋아하며
룸펜처럼 살아가던 〈미스터 션샤인〉의 김희성은 조부와
부모의 원죄가 어떻게 한 소년의 인생을 짓밟았는지를
알게 된 후 남은 인생을 속죄와 애국에 바친다. 어두운
흑산(黑山)에서 나고 자란 청년은 스승이자 벗이 된
정약전과의 시간을 통과한 후 원래 지녔던 "먹의 흔적"을
자산(玆山)의 바다 안에서 다시 형형하게 살려낸다. 계획된
어둠 혹은 유예된 무지 속에 몸을 숨기고 있던 이들은 마침내
빛 아래 얼굴을 내밀고 진짜 자신의 모습을 품는다.

리액션으로 연기의 여정을 시작하는 변요한의
페르소나들에겐 행동을 유발하는 강력한 파트너가
필연적이다. 〈들개〉부터 〈한산〉까지 그가 선택한 영화들은
대부분 한 명의 영웅 서사보다는 두 인물의 팽팽한 긴장감이
끌고 간다. 독립영화에서 박정민, 이주승 등 또래 배우들로
이어지던 그의 옆자리는 상업영화 세계로 진입하면서
김윤석, 김명민, 설경구, 이병헌, 박해일, 송강호처럼 한 세대
앞 남성배우의 이름들로 채워졌다. 사실 변요한은 21세기가
사랑하는 하얗고 무해한 소년보다는 20세기가 추앙했던
남성상에 가깝다. 섬유유연제보다는 땀냄새가 날 것 같은

거친 수컷, 80년대 홍콩 누아르 속 영웅들의 감성적인
비장미 혹은 비트 세대의 우상이었던 제임스 딘, 말론 브랜도
같은 반골의 뜨거운 에너지 말이다. 그런 변요한이 과거의
낭만을 복기하는 인물에 캐스팅되는 것은 꽤나 자연스러운
일이다. 하지만 변요한과 선배들의 잇단 만남은 단순히 '다른
세대 남성 투 톱 캐스팅'이라는 기계적인 조합으로만 볼
수 없다. 전설 같은 선배들을 오랫동안 동경해 온 한 후배
배우의 일관된 선택, 김광석과 유재하의 노래를 즐겨 듣는
레트로 감성을 지닌 한 청년의 취향만으로 기록하기에도
아쉬움이 남는다. 사극, 시대극 혹은 타임 워프, 타임 루프를
통해 변요한은 옛 남성들의 옷을 입고 멀거나 가까운 과거에
위치한다. 그리고 그곳에서 지난 과오를 교정하거나 다가올
미래를 바꾸는 임무를 수행한다. 어쩌면 한국 영화는
변요한의 몸을 통해 지난 세대의 남성들에게 두 번째 기회를
주는 것인지도 모른다. 비겁하게 외면하려 했던 역사의
복구, 이기심으로 놓쳐버린 연인과의 재회, 증오했던 아버지
세대와의 화해는 변요한과 함께 새로운 선택지에 이른다.
오랜만에 나타난 20세기 기질을 가진, 나를 꼭 닮은 당신의
젊은 육체와 힘을 합쳐서 말이다. 이렇게 수정된 과거를
바탕으로 조금은 변화된 미래로 두 세대가 함께 나아가고
싶다는 현재적 열망이 깃든 랑데부, 어쩌면 그것이야말로
충무로 르네상스 세대의 배우들이 변요한이 포함된
'넥스트 액터' 세대와 함께 스크린에 그려낼 가장 희망적인
풍경일지도 모른다.

변요한은 어딜 봐도 순순한 상대가 아니다. 좀처럼 쉬워
보이지 않는, 어쩌면 절대 쉬워 보이지 않겠다는 그의

태도엔 반항기와 똘끼, 예민함과 불안 그리고 안타고니스트 기질이 여전히 펄떡이고 있다. 시대가 원하는, 혹은 다수가 움직이는 순류에 몸을 맡기기보다는 그것을 의심하고 역류할 때 발생되는 힘으로 자기의 길을 개척해 나간다. 하지만 이준익 감독의 표현대로 "변화구보다는 돌직구"로 승부하는 배우 변요한은 출발 전 망설이고 고민하되 일단 시작 후엔 좀처럼 모호한 구석이 없다. 그의 연기는 엇박보다는 정박에 발을 움직이고, 머리보다는 심장의 명령에 팔을 뻗는다. 관객들은 예상치 못한 리듬이나 의외의 잽에 허를 찔린 쾌감보다는 뻔히 보이는 주먹에 속수무책으로 강타당한 얼얼함에 환호한다. 그래서 이 배우의 연기를 즐기기 위해선 회전율 빠른 두뇌 이상으로 우회 없이 정직한 감정을 받아 낼 단단한 맷집과 심장이 필요하다. 반면 이런 방법론을 가진 배우 변요한이 선택하는 캐릭터들은 다이너마이트를 품고 살아가는 위험한 사람들, 날카로운 경계선 위를 걸어가는 모호한 인물들이다. 이들은 일견 강해 보이지만 사실은 유약하고 불안한 존재들이다. 사람도 죽였냐? 는 질문에 "넌 날 믿지?"라며 간절하고 슬픈 표정으로 웃던 〈Nowhere Boy〉의 '망치'는 무엇이든 부수어 버릴 것 같은 극단의 폭력성과 부서지기 직전의 멘털이 공존하는 복합적 캐릭터였다. 〈리타르단도〉의 유성은 어쩌면 죽기를 바랐던 친구가 자살 후 남긴 보험금을 받아 들고서 슬픔과 후회, 허무함이 뒤섞인 웃음인지 울음인지 모를 소리를 꺼억꺼억 뱉어낸다. 〈재난영화〉의 요한은 소주 병나발을 불며 밤거리를 활보하는 반항아처럼 보이지만, 알고 보면 색종이로 어버이날 카네이션을 접는 "효자"이자 언제나 노인을 공경하는 "거칠지만 착한" 아이다. 〈자산어보〉에

쓰인 `갑오징어`에 대한 표현을 빗대자면 변요한의 인물들은 대부분 "단단한 등뼈" 안에 무르고 연한 내면을, 먹물 같은 눈물을 가득 채우고 있다. 그리고 이 단단한 배우의 눈은 희생당한 자들, 자신보다 약한 자들을 향할 때면 더 세차게 흔들리고 방황한다. 〈토요근무〉의 도연은 랩도 뜯지 않은 자장면을 앞에 두고 이제 막 세상에 홀로 남겨진 가여운 아이를 하염없이 바라보고 있다. 〈육룡이 나르샤〉의 땅새는 정도전이 "대업"을 운운할 때 "그 안에서 밟혀나가는 들풀"의 삶에 분노하고 눈물 흘린다. 〈보이스〉의 서준은 그토록 죽이고 싶었던 곽 프로의 목숨줄을 잡고도 끝내 방아쇠를 당기지 않고 오열한다.

> "저는 좋은 의사가 됐습니까?"
> "넌 이미 좋은 의사야, 한수현."
> "뭐… 죽음에도 무감각해지고 적당한 거리도 둘 줄 알고 지금보다 강해졌다는 말이네요."
> "그 유약함이 널 좋은 의사로 만들었어."

〈당신, 거기 있어줄래요〉를 통해 미래에서 온 전언은 배우 변요한에게 들려주어도 좋을 것이다. 절대로 무감각해지지 않는 예민함이, 거리를 좁혀야만 보고 느낄 수 있는 공감이, 불안과 싸워가며 견고해질 강함이 결국 그를 더 좋은 배우로 만들어갈 것이다. 물론 당신은 이미 좋은 배우다.

변요한은 여전히 수줍고 서툴고 투박하다. 동시에 유연하고 예민하다. 이 배우에게 있어 서툼과 투박함은 유연함과 예민함의 반대말이 아니다. 한 때 거쳐온 과거의 성질이 아니라 이 배우 속에 누적된 수많은 태도 중 하나다. 때론 검으로, 때론 망치로, 때론 메스로, 때론 그저 눈물과 포옹으로. 처단, 파괴, 해부, 용서 혹은 사랑, 그저 제 때 제 용도에 맞게 꺼내어 쓰게 될 것이다. 그리고 그 도구들은 각자의 방식으로 길들여질 것이다. 칼은 더 날카롭게, 망치는 더 육중하게, 품은 더 넓게, 심장은 더 뜨겁게. 정신과 육체, 판타지와 현실, 반항과 순응, 혁명과 규율 그 극단의 대비 사이를 때론 평화로운 합주로, 때로는 한계 없는 독주로 달려갈 것이다. 연기 앞에서만큼은 좀처럼 여유를 부리지 않는 올드 패션의 진지함이야말로 나태해진 연기를 자연스러움으로 착각하는 오류에서 이 배우를 구해 낼 것이라 믿는다. 어제의 수확을 새하얗게 불태워 버린 땅 위에서 변함없이 오늘의 노동을 해내는 일꾼. 내일의 변요한은 그렇게 다시 원초로 돌아갈 것이다.

INTERVIEW

저는 지금
그 어느 때보다
자신 있어요

INTERVIEW

처음 '넥스트 액터'를 제안했을 때 마치 이 날이 올 걸 예상한
사람처럼 바로 승낙해 주셔서 놀랐습니다. 예전에 소장님이
라디오에서 제 이야기를 하시는 걸 우연히 듣게 되었어요.
운전 중이었는데 결국 차를 멈춰 세우고 끝까지 들었죠.
앞으로 배우 변요한이 어디로 갈지는 모르겠지만 이
사람은 자기가 가는 길을 확실히 알고 있다는 말.

물 안에서 방향 없이 자유롭게 다니는 것처럼 보이지만, 홍어나 가오리처럼 자기가 갈 길을 정확하게 아는 물고기, 라고 했었죠. 물론 주변인들은 무조건 저를 응원하고 지지해 주겠지만, 어떤 눈들은 전체를 보지 않고 특정 시기의 결과만 보잖아요. 이 배우가 어떤 작품을 찍었고, 이번엔 흥행이 실패했고 성공했고, 상을 받았고…처럼. 하지만 소장님이 해주신 말들에 큰 확신과 큰 용기를 얻었어요. 그때 감정은 딱 그랬어요. 좋은 의미로 착- 가라앉는 느낌이랄까. 욕심 안 부려도 되겠구나, 누군가는 날 계속 보고 있었구나. 공식적 만남이라고 한다면 2015년 〈소셜포비아〉 때 방송 인터뷰와 〈자산어보〉 끝내고 2021년 부산국제영화제 '액터스 하우스'가 다였어요. 이 배우를 변함없이 지켜보고 있었지만 감히 이 사람을 잘 안다고 말할 수 없었죠. 하지만 20대의 변요한과 30대의 변요한은 눈빛부터가 달라져 있었고 그 변화의 속사정을 더 자세히 듣고 싶다는 생각이 강렬하게 밀려왔던 것 같아요. 이 책의 서문에 쓰기도 했지만 '넥스트 액터' 시리즈에 순서가 있다고 생각하지 않아요. 하지만 그 배우에게 가장 적절한 때는 있겠죠. 변요한 배우에게는 그때가 지금이라고 생각했고요. 무주산골영화제 영상 촬영하던 날 "나에게 넥스트 액터란?"이란 질문에, 영광이다, 라고 간단하게 대답을 하긴 했는데, 제가 곱씹어서 생각을 좀 많이 하는 편이거든요. 운동 끝나면 반려견 복자와 함께 산책을 해요. 하루는 그 애 엉덩이만 보면서 뒤 따라 걸으며 저도 소장님과 똑같은 생각을 한 것 같아요. 지금이 저에겐 인생의 희로애락이 극단적으로 너무 선명하게 느껴지는 시기거든요. 뭔가 정리정돈이 되어간다고 믿었던 삶에 균열이 생기는 일이 최근 연달아 벌어졌죠. 한동안 말을 잃고 살았어요. 그럼에도 불구하고 지금의 삶이 너무 좋고 계속해서 더 좋아졌으면 해요. 어떻게 보면 '넥스트 액터'는 그 약속의 시간인 것 같아요. 그 정도로 기다렸던 인터뷰이기도 하고요. 너무 솔직한 이야기를 많이 풀어놓을 예정이라 엄마, 아빠가 어떤 부분에서 속상해하실지도 알겠어요. 하지만 이 책으로 저라는 사람을, 서른여덟의 변요한을 다 내보이고 벌거벗은 느낌으로 다시 시작하고 싶어요. 그럴 자신도 있고요. 저는 요한 씨가 자신 있다, 고 말하는 순간이 정말 부러울 만큼 좋아요. 겸손이든 예의든 자신 있다는 말을 꺼려하는 시대잖아요. 하지만 변요한의 자신 있다는 말은 나르시시즘이나 자랑이 아니라 스스로에 대한 약속이고 다짐처럼 들리거든요. 맷집도 좋고 다 깨부서져도 다시 지을 준비가 돼 있어요. 저에게는 아직 그럴 에너지와 양분이 있다고 생각합니다.

말더듬이 반항아

어린 시절 사진을 보면 육아난이도가 꽤 높아 보이던데요. (웃음) 장난꾸러기였죠. 장난도 심하게 치고, 다치기도 많이 하고, 노는 게 너무 재밌었어요. 엄마가 유치원

원장님이셨는데 하루는 다리 떨고 놀다가 바지에
실수를 하자 사람들 앞에서 말도 안 되게 크게 혼이
났던 기억이 있어요. 그 모습을 보던 선생님들, 같이
놀던 친구들의 표정이 기억나요. 좋아했던 여자애도
있었거든요. 수치심을 처음 느낀 순간이었죠. 그때부터
그냥 얌전해졌던 것 같아요. 게다가 목회자라는
아버지의 직업 특성상 전 뭐든 하면 안 되었어요.
초등학교 4학년 때였나? 학교 애들 사이에서 유승준
머리가 대유행했는데 그것도 하면 안 되고, 염색도
불가능이었죠. 그래도 다 조용히 따랐어요. 밖에서의
요한이와 집에서의 요한이는 너무 달랐죠. 집에선
〈들개〉의 정구처럼 말 잘 듣는 집개인 척, 애완견인
척했죠. 대신 운동을 어릴 때부터 좋아했어요. 내성적인
성격인데도 축구만 하면 눈에 불을 뿜으면서 발목 삘

때까지 했어요. 초등학교 2학년 때 태권도를 시작해서
고등학교 1학년 때는 검은 띠 따고 도장에서 아이들
가르치는 사범 같은 것도 했죠. 내부에 답답함, 분노,
불만이 많았지만 풀 수 있는 방법이 운동밖에 없었어요.
어떻게 보면 다중인격처럼 컸던 것 같아요. 밖에서는
축구하고 태권도하고 몸 쓰고, 집에 오면 영화 보고
피아노 치고 착한 아들이어야 되고. 그러다 중학교
1학년 2학기부터 완전 반항아로 돌변해 버렸고요.
특별한 계기가 있었나요? 초등학교 5학년 때 아버지가
목회하신다고 이사를 갔는데 그 동네는 빈부격차가
너무 심했어요. 친구 부모님이 제가 이쪽 아파트에
사는 아이라는 이유만으로 놀지 말라고도 했거든요.
그게 어렸을 때는 너무 충격적이었어요. 심부름 잠깐
나갔다가 들어오면 눈이 밤탱이가 되어 있었죠. 이사
온 애라고 형들이 밖에서 기다리고 있었던 거죠. 되게

거칠고 무서운 동네였어요. 엄마가 너 눈이 왜 이래?
라고 물으면 전봇대에 부딪혔어, 라고 말도 안 되는
거짓말로 둘러대고는 했었죠. 엄마 아빠가 지금도
사이가 되게 좋으신데 살면서 두 분이 싸우는 걸 딱

두 번밖에 못 봤어요. 그중의 하나가 이 동네에서
더 산다 못 산다, 였어요. 그 동네가 너무 싫었어요.
반항심도 생겼죠. 그러다 초등학교 6학년 때부터
비보이 형들과 어울렸어요. 당시 리더 형이 힙합 크루로
되게 유명한 분이었는데 제가 작고 어리지만 춤을 잘
춘다고 같이 무대에 섰으면 좋겠다고 하셨죠. 백화점
앞에서 춤추고 길거리 버스킹도 하고 그랬어요. 그런데
밖에서 춤추고 다니는 걸 아버지가 아시고 화가 많이
나셨어요. 우리 아들이 인천 신세계 앞에서 양파자루
같은 걸 머리에 박고 돌고 있다니! **양파 자루요?** 그때는
헬멧에 양파망 같은 거 씌워서 헤드스핀을 했었어요.
'R.ef'의 누가 헤드 스핀 500바퀴 했다더라 하면서 그
기록 깨겠다고 형들 안무 끝날 때까지 계속 머리 박고
누가 더 많이 도는가 같은 시합을 했죠. 아버지로서는
말도 더듬는 애가 밖에 나가서 춤이나 추러 다니니까
정말 걱정이 된 거죠. 결국 뭔가 하고 싶으면 차라리
연극을 해라, 하셨죠. 부모님과도 잘 아는 사이의 박정학
배우가 저에게 처음 연기를 시키신 분이에요. 제가 당시
교복 위에다가 라코스테 카디건을 늘 걸치고 다녔는데
옷 잘 입는 친척 형들한테서 물려받은 거라 좀 컸어요.
그런데 그분이 다가와서 너 연기하면 내가 라코스테
카디건을 사줄게, 라고 하시는 거예요. **진짜요?** 바로, 네
알겠습니다, 했죠. 사실 춤추다가 멍이 많이 들어서 몸이
많이 아프기도 했어요. (웃음) 선생님이 아주 스파르타
식으로 연기를 가르쳐 주셨어요. 그 인물이 돼야 하고,
눈빛도 달라져야 하고, 대사를 받는 순간 변요한은

웬만하면 지워야 한다고 하셨죠. 물론 지금 생각해 보면 저를 지우는 게 불가능하지만, 당시에는 그 방법이 맞다고 생각했어요. 그런데 대사를 계속 읽고 반복하고 외우니까 말을 안 더듬는 거예요. 무대에 올라가서 떨지도 않고 대사도 안 틀리고. 중학교 2학년 때 처음 인천시립극단 연극에 작은 역할로 출연을 했는데 뭔가 희열을 느꼈던 것 같아요. 처음으로 친구들을 초대했는데 커튼콜 할 때 무대 위에서 약간 뿌옇게 보이는 친구들 얼굴을 하염없이 보고 있었던 기억이 나요. **말은 언제부터 더듬게 된 거예요?** 아기 때부터라고 들었는데 스스로 인지한 건 일곱 살쯤부터예요. 그런데 나중에 시간이 지나서 왜 말을 더듬기 시작했는지 그 비하인드 스토리를 할머니가 들려주셨어요. 이건 정말 처음으로 이야기하는 건데… 제가 대여섯 살 때까지 젖병을 그냥 물고 살았대요. 어릴 땐 할머니가 거의 키워주셨는데 습관적으로 물려 놓은 쪽쪽이를 떼지 못하고 계속 입에 물고 다녔던 거죠. 다 큰 애가 그러고 있으니까 하루는 아빠가 버릇을 고친다고 제 앞에서 망치로 그걸 깨버린 거예요. 그전까지는 젖병 물고 세발자전거 타고 아주 평온하게 살던 아이였는데 (웃음) 갑자기 아이덴티티 같은 젖병을 뺏기는 것도 모자라 눈앞에서 팡- 하고 깨지기까지 한 거죠. 그때 엄청 쇼크를 받고 많이 울었나 봐요. 그 이후 초등학교, 중학교 때까지 뭔가 당황하거나 마음이 급해지면 늘 말을 더듬었어요. 말 더듬이 고쳐준다는 보약도 먹고, 집중력 학원도 다녔어요. 제가 말 더듬는 것 때문에

할머니가 엄청 속상해하셨죠. 할머니는 우리와 함께
37년을 사시고 2022년, 95세로 돌아가셨어요. 임종을
지켜보면서 할머니한테 그랬어요. 할머니 진짜 갈 거야?
근데 기억해, 할머니가 내가 본 여자 중에 제일 이뻐.
변요한 속의 김희성이 튀어나왔네요. 할아버지가
군인이셨는데 전쟁 후유증으로 일찍 돌아가셨어요.
재혼도 안 하셨으니까 어쩌면 예쁘다는 말을 아주 오래
못 들었을 것 같다는 생각이 드는 거예요. 마지막엔
장난도 쳤어요. 할머니 빨리 가, 올라 오래 빨리. (웃음)

158

집개와 들개

연극과 함께 다시 착한 집개로 돌아왔나요? 아니요. 연극도
취미 이상으로 허락하신 건 아니었고요. 중학교 때부터
본격적으로 사춘기, 반항기가 찾아왔던 것 같아요.
가족들 봐도 인사도 잘 안 하고, 가출한다고 나갔다가
하루 만에 들어오고. 어쩌다가 하루 만에? 제가 이
집에서 사라질게요, 라며 되게 멋있게 박차고 나오긴
했는데 타이밍을 잘 못 맞추는 바람에, 너무 추운 겨울에
가출을 결심했던 거죠. 조금만 기다리라고 약속했던
친구들이 하나, 둘 엄마가 안된대… 라는 말을 남기고
집으로 돌아갔죠. 놀이터 그네에 혼자 앉아서 인생에서
배신감이라는 걸 처음 느꼈던 것 같아요. 결국 하루도
안돼서 들어갔죠. 죄송합니다, 문 좀 열어주세요, 라며.
어머니가 안 주무시고 책 읽고 계시더라고요. 들어왔니?
하시더니 아버지한테 인사하래요. 아버지도 안 주무시고
계시더라고요. 그런데 그때 갑자기 아빠가 방귀를 뿡-
하고 뀌는 거예요. 늘 완벽했던 분이라 그런 모습을 처음
봤거든요. 긴장하고 있다가 저도 모르게 웃음을 참지
못하고 말았죠. 생각해 보면 아빠가 지금 제 나이쯤 됐지
않았을까요? 더 젊었을 수도 있고. 그러다가 중학교
2학년 여름방학 어느 날, 오후 여섯 시쯤이었어요.
아빠가 인천공항에 저를 혼자 놓고 갔어요. 비행기 표,
여권, 캐리어만 딱 쥐어주고. 그리고 이 사람만 따라가면
된다고 해서 가보니 필리핀이었어요. 필리핀 마닐라 필립
게스트 2. 아직도 그 주소를 안 까먹어요. 입구에 경비가

있고 그 문을 통과해서 지프니를 타고 한참을 들어갔던 기억이 나요. 아는 선교사님 집으로 보낸 거였어요. 선생님이 메일은 여기서 확인하고, 전화는 여기서 하면 된다고 설명을 해주시는데, 제가 그랬죠. 전화 안 합니다. 저는 진화 필요 없습니다. 반항기가 아주 하늘을 찔렀네요. (웃음) 사실 전 완전 좋았거든요. 너무 자유롭기도 했고. 한국에 가기가 싫었어요. 그리고 부모님이 저를 방학마다 필리핀으로 보내셨죠. 가난했지만 어떻게든 이것저것 다 시키셨는데 제가 특히 한문을 잘했어요. 눈높이 학습지를 되게 좋아했거든요. 중학교 3학년 때인가. 아는 형이 중문학을 전공하고 하얼빈으로 유학을 다녀왔는데, 그 형이 하는 중국어가 너무 멋있어 보였어요. 홍콩영화에 나오는 주인공 같기도 했죠. 그래서 형, 저도 중국어 알려줘요, 라고 해서 밤마다 과외를 받았어요. 사실 홍콩 배우들이 쓰는 말은 광둥어였지만. (웃음) 그러다 마침 진학한 고등학교에 해외 교환 학생 시스템이 있더라고요. 그렇게 고1 때부터 중국에 간 거죠. 처음에는 길림, 다음엔 북경, 그 다음에는 하얼빈. 하얼빈이 제일 잘 맞았고 중국어도 거기서 제일 많이 늘었어요. 가끔 한국에 왔다 갔다 했지만 합치면 2년 반, 거의 스물한 살 때까지 중국에서 살았죠. 보통의 학생들이 잘 경험하지 않을 법한 특별한 학창 시절이긴 했네요. 그렇게 어린 시절을 해외에서 보내면서 가장 좋았던 건 뭐였어요. 자유. 일단은 집을 떠나 있다. 마음대로 방황할 수 있고. 나쁜 짓 말고는 그 나이에 할 수 있는 거 다 했던 거 같아요. 한인 축제 노래대회도 나가서 2등 하고, 나이지리아, 프랑스, 미국, 베트남 이런 애들 다 섞여있는 유나이티드 축구팀에 들어가서 축구도 하고. 사실 나름 공부도 열심히 했던 것 같아요. 지금은 인천에서 태어나 그 험한 동네에서 살았던 것도, 해외에서의 생활도 모두 감사하게 생각하고 있어요. 제 인생의 시작이 모두 거기에 있으니까요. 못난 놈, 잘난 놈, 이상한 놈들을 다 봤어요. 친구들의 스펙트럼도 넓고요. 그러다 보니 누굴 만나도 직업이나 출신에 편견 없이 잘 지내게 된 것 같아요.

영상원과 오디션

어쩌다가 돌연 한국에 돌아와서 연기 공부를 시작하게 된 건가요. 사실 중국에 있을 때도 늘 마음은 배우를 꿈꾸고 있었어요. 그저 아버지 희망을 따라서 간 것뿐이었죠. 다행히도 제가 중국 유학을 하고 있을 때 여동생인 한나가 먼저 배우가 될 준비를 하고 있었어요. 그리고 교회 지하에서 연습한 〈아는 여자〉 독백으로 청주대학교 영화과에 먼저 진학을 했죠. 그때 버디버디였나? 싸이월드였나? 합격소식을 알리는 쪽지를 보냈어요. 오빠, 내가 먼저 갈게. 오빠도 할 수 있을 것 같아, 내가 계속 지원해 줄게, 라고. 멋지다! 지원해 줄게, 라니. 여동생은 정말 씩씩한 친구예요. 호기심도 많고 대범하고 전교회장

출신이고. 어릴 때 잘못을 해서 엉덩이를 맞을 때도
어른들이 몇 대 맞을래? 하시면 저는 정말 세게 한
대 맞겠습니다, 하면서 벌벌 떨고 있으면 여동생은
저는 백 대 맞겠습니다, 라고 하는 스타일이에요.
한국 들어오자마자 바로 군대에 끌려갔을 때 동생이
위문편지에다 〈안티고네〉 독백 같은 걸 넣어서
보내주곤 했어요. 그리고 첫 백일 휴가 나와서 군번줄
차고 청주대 연극영화과로 시험을 보러 갔죠. 그때도
동생이 멋지게 자기 자취방에 과 동기, 선배들 다
불러다가 깜풍기 시켜주면서 저한테 연기시범을 계속
보게 해 줬어요. 호흡, 연기 감각 키워야 된다고 운동장
뛰면서 연습도 시키고. 시험 보러 갔더니 교수님들도
당연히 군인인 거 다 알죠. 계급이 어떻게 돼?

이병입니다. 그럼 합격도 못할 텐데 뭐 하러 왔어. 그냥
제 가능성 체크하러 왔습니다. 저 잘합니까? 그러니까
웃으시면서 잘한다고, 전역하고 오라고 하셨어요. 물론
떨어진 걸 알면서도 되게 기분이 좋았던 것 같아요.
이 길이 맞는지 빨리 확인하고 싶었으니까? 저한테는
시간이 많지 않다는 걸 알았으니까. 전역하고 무조건
원샷 원킬 합격하지 않으면 연기 전공하기 힘들다고
생각했어요. 연기 입시학원 합격수기를 읽었어요. 무슨
〈난중일기〉처럼 써 놓으셨더라고요. 세 번의 기회 중
한 번은 남았다, 오늘은 아크로바틱 백핸드 연속 두 바퀴를
했다, 식으로. 진짜 열심히 했던 것 같아요. 학원이
일산에 있어서 아예 일산 고시원에서 살았죠. 발음이
좋아야 된다고 해서 코르크 마개를 입에 물고, 고시원!

감자탕! 이러면서 일산에 있는 간판을 다 읽고 다녔어요. 간절했던 만큼 신체 훈련을 포함해서 빠르게 특기도 만들어 나갔죠. 학원에서는 동국대, 중앙대, 서울예대의 입시 특징을 잘 알고 있어서 그쪽만 생각했는데 저희 아빠가 한국예술종합학교 연극원은 국립이고 학비가 싸다, 한예종을 가라, 고 말씀하셨어요. 대신 여기 떨어지면 미국이든 중국이든 나갈 준비 하라고. 그래서 난 무조건 붙는다고 믿고 준비해서 5개월 만에 합격을 한 거죠. 한예종 합격은 〈로미오와 줄리엣〉의 머큐쇼 독백을 통해서였어요. **그전에 준비한 〈안티고네〉의 하이몬, 〈리어왕〉의 에드거처럼 비극적이거나 희생적인 인물이 아니라 활발하고 호전적이고 센 척하고 입도 거친 머큐쇼를 선택한 이유는 무엇이었나요?** 처음에 〈안티고네〉로 동국대 시험을 봤었는데 시험장에 들어가자마자 거의 쫓겨나듯이 나왔어요. 나무 바닥이었는데 삐걱삐걱 쿵쿵쿵 제 발소리부터 너무 컸나 봐요. 경험도 노하우도 없는 상태에서 1차에서 바로 떨어졌죠. 중앙대는 선생님의 응원 속에 1차까진 붙었는데 2차에서 떨어졌어요. 그런데 이제 몇 번 경험이 쌓이니까 알겠는 거예요. 대기실에서 다른 아이들이 하는 것도 봤거든요. 독백만 하는 게 아니라 몸도 잘 쓰고 장면 전환을 그 안에서 만들어 내기도 하고. 아, 이런 형태의 연기도 있구나 싶었죠. 어차피 한예종은 〈로미오와 줄리엣〉이 지정 대본이었고 저랑 로미오는 뭔가 결에 안 맞는 느낌이었어요. 그전에 아크로바틱, 펜싱 준비도 했으니까 어쩐지 머큐쇼는 상상할 수 있는 여지가 좀

많았어요. 그래서 독백을 만들었는데 그 독백 자체가
나름 아티스틱해 보였던 것 같아요. 펜싱 칼도 들고,
텀블링하고, 현대무용처럼 웃통도 벗고. 그렇게 한예종
09학번으로 입학하게 된 거죠.

**2011년, '26세 변요한'이란 이름표가 SBS 〈기적의 오디션〉
'비열 연기 그룹' 중 하나로 거의 찰나처럼 지나가더라고요.**
그때가 아마 독립영화도 꽤 많이 찍고 방황하던 시기였을
거예요. 처음 SBS에 갔는데 무슨 천막 같은 데서
오디션을 보더라고요. 그래도 합격소식에 어찌나 기분이
좋던지. 이후 합숙을 꽤 했고 그래도 본선까지 올라가긴
했죠. 대한민국에 있는 연극영화과 학생들은 거기서 다
본 것 같아요. 연기 잘하는 사람들이 엄청 많았어요. 같이
방 쓴 형도 잘했는데 〈테이킹 라이브즈〉라는 할리우드

영화에서 독백을 따온 것이 되게 신선하고 충격적으로
느껴졌어요. 저는 늘 연극만 했고 오로지 연극 독백밖에
없었는데. 큰 경험이 됐던 것 같아요. 그러다가 죽음의
조를 뽑고 몇 명 살아남는 서바이벌이 시작되면서
떨어졌어요. **그게 입시를 제외하면 첫 오디션이었나요?**
아뇨, 인생 첫 번째 오디션은 〈스프링 어웨이크닝〉이라는
뮤지컬이었어요. 한 5차까지 올라갔는데 우리
학교에서는 같이 1학년이었던 송상은이라는 친구와
저만 살아남았어요. 그러다가 인천 CGV에서 문자를
받았죠. 최종 불합격했습니다. 영화를 보다가 그냥
나왔어요. 〈기적의 오디션〉까지 거치면서 내가 준비가
안 됐구나를 느꼈어요. 그 이후로도 오디션은 400번

이상 본 것 같아요. 〈들개〉도 오디션을 통해 참여하게
된 영화였죠. 〈감시자들〉 같은 상업영화 쪽 오디션도
보고, 아! 〈명량〉도 봤는데, 그건 떨어졌어요. 조연으로
출연한 영화 〈현수 이야기〉에서 무명 배우로 나오잖아요.
여자친구(이유미)가 배우 일이 잘 돼 가냐고 물어보면 "뭐…
열심히 하고 있으니 기회가 오겠지"라고 대답하죠. 그러면
여자친구가 "너… 소질 없어 보이는데?"라고 웃으면서
놀리고. 영화 속 대사지만 당시의 스스로한테 한 질문이자
대답일 수도 있겠다 싶었어요. 영화하는 사람들을 하나,
둘 알게 되니까 자연스럽게 기회들이 왔었어요. 기회
되는 오디션은 다 보려고 했지만 정말 많이 떨어졌죠.
물론 그 과정에서 노하우도 생겼지만 거절당하고 나면
늘 내가 재능이 없나, 이곳이랑 결이 안 맞나? 포기하고
싶기도 했어요. 당시엔 맷집도 없으면서 맷집이 있는
척하고 다녔던 것 같아요. 아빠 말대로 중국을 가든지

165

미국을 가야 하나 고민도 들었고. 물론 저에 대한 믿음은
있었어요. 다만 그걸 보여줄 방법을 잘 모르겠더라고요.
오디션 몇 분 안에 나를 보여주는 건 어려운 일이잖아요.
매번 너무 간절하면 떨어지고, 대충했던 것들은 다
뽑혔던 것 같아요. 신기한 경험이었죠. 그런데 지금
와서 생각해 보면 너무 꽉 채운 준비보다 그 대충했다는
오디션에서는 저라는 사람의 매력이 살짝살짝 보였던 게
아닌가 싶어요. 물론 지금이야 그렇게 얘기하지만 그때는
답은 없었죠. 사실 요령도 없고, 요령도 못 피우고.

기술과 마음

배우 변요한을 이야기할 때면 자동수식처럼 따라붙는 '30여 편의 독립영화 출연'의 시기를 생각해 보면 정말 다양한 직업군을 연기해요. 그리고 대부분 삶에 치이고 피곤한 인물들이었죠. 당시엔 그런 인물들에게 더 끌렸던 건가요? 첫 작품인 〈토요근무〉가 피곤한 역할이어서 그런지 몰라도 찌들고 피곤한 애들은 다 저한테 온 것 같아요. (웃음) 〈토요근무〉에서 인터넷 설치기사도 그랬지만 〈목격자의 밤〉에서 돈통에서 돈 꺼내 세고 마감하는 편의점 아르바이트의 손놀림이 너무 자연스러운 거예요. 저런 익숙함은 어떻게 만들어졌을까? 솔직하게 그때는 진짜 무식하게, 연기에 필요한 기술만 보고 익히려고 한 것 같아요. 아르바이트하는 사람에게 부탁해서 돈 한 번 세 주시면 안 돼요? 그런 부탁을 하는 거죠. 그리고 실제 촬영 현장에서 일하시는 분에게 한 번 더 보여달라고 해서 공통분모를 찾았어요. 사실 단편영화 촬영 환경이 배우가 진득하게 트레이닝을 하고 준비할 수 있는 상황은 아니거든요. 도둑 촬영도 많이 하다 야단맞고, 전기 끌어 쓴다고 싸우고 울고. 그래서 그런 직업인을 연기할 때는 완전한 디테일을 익힌다기보다는 전체적으로 어떤 느낌을 내는지만 봤다고 해야 하나? 그렇게 잘해 보이는 것 같은 기술을 익힌 거죠. 관찰을 많이 하는 편인가요? 예전에는 많이 했었어요. 처음 학교 들어가면 관찰하고, 일기 쓰고, 그게 기본이라고 배우니까. 그런데 그 방법이 저에겐 썩 좋지만은

않더라고요. 그리고 점점 더 아니라고 느껴지고. 요즘엔
눈으로 관찰하는 게 아니라 직접 경험해야겠다는 생각만
해요. 내 피부에 와닿는 것만 느끼려고 하고. 그게 저에겐
맞는 것 같고 그렇게 접근할 때 더 진실되기도 하고요.
그런데 독립영화를 연속으로 찍어 나가던 시절엔 기술만
연마한 것 같아요. 그런 척, 해 보이는 테크닉 연기. 사실
그래서 한 1년 정도 연기를 쉬었거든요. 알맹이가 하나도
없구나. 꼴 보기가 싫었어요. 이런 기술만 늘려가고
있는 나 자신이. 학교 다닐 때 선배들에게서 그런 말을
들었어요. 요한이는 기술이 너무 좋다. 칭찬인 것 같기도
하지만 1학년이 들을 말은 아니었던 것 같아요. 근데
생각해 보니까 진짜 그랬더라고요. 입시 때 머큐쇼
독백을 준비하면서도 그냥 빨리 합격을 할 수 있도록
멋있게 보이는 데 집중했죠. 뭔가 예술적으로 보이게.

연기 잘하는 것처럼 보이는 캐릭터란 게 있거든요. 내가
갖고 있는 매력, 덕목 같은 걸로 승부할 수 있는 그런
역할들 있잖아요. 그런 공식들을 너무 빨리 알아버린
게 아닌가라는 생각이 들었어요. 야, 너 별로다, 싶었죠.
지금도 만약에 기술을 쓰라고 하면 잘하는 것처럼
보이게 할 자신은 있어요. 물론 적시적소에 써야 하는
기술은 요즘도 당연히 필요하죠. 하지만 당시 저에게는
다른 게 필요했어요. 그때 〈들개〉를 만났어요. 그리고
이 영화부터는 진짜 마음으로 다가가려고 했던 것
같아요.

오르막길과 내리막길

2014년 〈미생〉을 시작으로 드라마 〈육룡이 나르샤〉
〈구여친클럽〉, 뮤지컬 〈헤드윅〉, 영화 〈들개〉〈소셜포비아〉
〈마돈나〉〈당신, 거기 있어줄래요〉〈하루〉까지 2년 간
빠른 속도로 달려가던 변요한의 질주가 잠시 멈춰서는
시기가 있었어요. 〈하루〉 촬영 중이었어요. 우세요, 하면
눈물이 바로 터지고, 웃으세요, 하면 바로 웃음이 터져요.
사람들은 박수를 보내주는데, 뭔가 문제가 있다는 걸
느꼈죠. 자율신경계가 이상하게 작동한다는 생각이
들었어요. 김지용 촬영 감독님한테 이거 끝나고 병원
가야 될 것 같다고 처음으로 얘기했던 기억이 나요.
〈헤드윅〉 후반부에 옷을 다 벗잖아요. 그런데 몸에
반점들이 막 일어나는 거예요. 하루, 이틀도 아니고 지방
공연까지 있는데. 그러다 어느 순간에는 기도가 막힐 것
같고, 노래도 못 부를 것 같고, 무대에서 그로기 상태가
올 것 같은 거예요. 어떤 날은 코엑스에서 영화 보는
중간에 땅이 흔들리는 느낌이 들어서 주저앉았어요.
너무 당황스러운 경험이었죠. 병원, 한의원 다 가봤는데
별 증상이 없다는 거예요. 그러다가 어느 날 아침에
시야가 조각난 것처럼 다 깨졌어요. 우주에 있는 기분,
식은땀이 나고, 심장이 갑자기 막 뛰고 그리고 바로
기절을 했죠. 다행히 같이 사는 친구가 있었어요. 결국
신경과에 가서 뇌파 검사부터 다 해보니 공황장애,
불안, 우울 이런 게 다 있었던 거죠. 의사 선생님 말씀이,
히말라야에서 스포츠카를 타고 10년을 쉬지 않고 달린

뇌래요. 그럼 제가 연기를 쉬어야 되나요? 웬만하면 안하는 게 좋죠, 특히 자율신경계 관련된 약을 먹으면 좀 힘들 수도 있고 행동이 둔해질 거예요. 혹시 약을 안 먹으면 어떻게 되나요? '조커' 아시죠? 그 역할 바로 할수 있습니다. 하지만 바로 죽습니다. 연기, 오래 하시는게 낫지 않을까요? (웃음) 〈당신, 거기 있어줄래요〉가 2016년 12월에 먼저 개봉하고 촬영 순서와 달리 〈하루〉는 이듬해 6월에 개봉했는데 그때가 진짜 힘들 때라 김명민 선배가 정말 많이 챙겨주셨어요. 그러고 보니 〈하루〉 개봉 즈음 〈유희열의 스케치북〉에 나와서 노래 부르지 않았어요? 홍보까지도 배우의 일이니까. 다행히 밴드 세션 형들이 〈헤드윅〉을 같이 했던 분들이라 믿고 들어갔었죠. 사이사이에 약 먹으면서. '오르막길'을 불렀는데 정작 제 상황은 너무 '내리막길'이었어요. 하지만 당시엔 아프다는 걸 숨겨야 할 것 같았어요. 결국 모든 일에 다 브레이크를 걸었고 들어오는 대본들은 모두 정중하게 거절할 수밖에 없었죠. 이후 〈미스터 션샤인〉으로 복귀하기까지 거의 2년을 조용히 쉬었어요. 그 시간을 어떻게 보냈나요. 〈왕좌의 게임〉 〈워킹 데드〉 같은 시리즈들 다 보고, 레고도 조립하고, 피규어도 그때부터 만들기 시작했어요. 내가 좋아하는 배우들이 누구지? 천천히 생각했죠. 알 파치노 피규어를 처음으로 부품별로, 부위별로 구입해서 옷을 입히고 담배를 끼우고 하나하나 조립을 해나갔죠. 아마도 섬세해지고 싶어서였던 것 같아요. 약을 먹으면 좀 둔해지는 부분도 있으니까. 그리고 그

사이 제 삶을 돌아봤어요. 어쩌면 너무 굵직굵직하게 살아오지 않았나, 물론 순간순간의 디테일들은 다 있지만, 내 전체의 감정이 너무 거대했다고 해야 할까? 그때 준면(김준면)이가 피아노를 선물해 주어서 집에서 피아노도 치고, 섬세하고 작고 예민한 작업들을 하면서 시간을 보냈어요. 그러면서도 항상 드라마나 영화는 켜놓은 상태였는데, 그때 느꼈죠. 내가 정말로 영화를 좋아하는구나. 이렇게 아픈데도 뭔가를 계속 보고 있구나. 쉬지 않고 일하던 사람이 2년 가까이 집에 있다 보면 몸에 변화가 오지 않았을까 싶네요. 그때 엄청 엄청 말랐어요. 살이 빠지니까 식욕도 없어지고 무기력증이 오고 바깥출입을 포기하니까 비타민D도 부족했죠. 대신 그 시기에 저에게 이렇게 수염이 많이 나올 수 있다는 것을 알게 되었어요. 그전까지는 늘 면도를 해야 된다고 생각해서 이만큼이나 길게 길러 볼 생각을 안 했거든요. 아주 유용한 무기를 발견하는 기회가 되었네요. (웃음) 사극이나 시대극에서의 활용도는 물론이거니와 일상에서도 요한 씨의 수염을 좋아하고 부러워하는 사람도 많고, 이제는 거의 변요한의 시그니처가 되었으니까요. 그 시간을 견딘 선물을 주신 거라고 생각하려고요 (웃음). 〈미스터 선샤인〉 첫 미팅 때 수염을 기른 상태로 갔더니 오히려 좋아하셔서 김희성이 그런 얼굴이 된 거죠. 사실 처음 〈미스터 선샤인〉 제의를 받았을 때는 무서웠어요. 다시 연기를 할 수 있을까? 갑자기 촬영 중에 공황 증세가 오면 어떻게 하지? 당시에는 다시 카메라 앞에 선다는 것

자체가 공포스럽게 느껴졌거든요. 〈미스터 션샤인〉은
작가, 감독, 동료 배우들까지 여러모로 거절할 수 없는
제안이었겠지만 내가 할 수 있을까, 하는 불안을 그래도
가보자, 로 바꾸어준 건 무엇이었나요. 김상훈 실장.
저와 10년 넘게 같이 일해온 이 친구 때문이었던 것
같아요. 제가 늘 하는 말이 있어요. 널 위해서 일해,
날 위해 일하지 마. 나는 네가 창피하지 않게 연기에
최선을 다할 테니까, 너도 현장 사람들과 많이 알고
친해져서 니 인생을 살아. 뼈 묻을 거면 같이 있고
아니면 그냥 빠지라고도 했죠. 이미 현장을 뛰지
않아도 될 연차였는데도 〈미스터 션샤인〉 촬영 내내
늘 옆에 있어줬어요. 큰 힘이 되었죠. 상훈이도 그렇고
〈자산어보〉 때부터 같이 일한 용국이(박용국 팀장)도
막내 매니저 윤희(조윤희)도 모두 딴생각 없이 든든한
172 친구들이에요.

준비와 실행

작품이 들어가기 전, 사전 준비는 어떻게 하나요? 구체적인
대본을 보기 전에 장르가 뭐냐고 먼저 물어봐요. 만약
정치, 라고 한다면 레퍼런스가 될 만한 작품들을 다
찾아봐요. 〈하우스 오브 카드〉〈지정생존자〉〈남산의
부장들〉〈헌트〉뭐 이런 것들 통틀어서 다 봐요. 그러다
완전 정반대에 있는 장르의 영화들도 봐요. 그런 다음에
시나리오를 보면 의외의 부분이 캐치될 때가 있죠.
어쩔 땐 정치인의 얼굴이 아니라 연쇄 살인마의 얼굴이
떠오를 때도 있어요. 물론 아닐 때도 있고요. 결국
현장에 가는 순간 또 달라지기도 해요. 그렇게 어떤
초상을 그리고 찾아나가는 과정이 좀 오래 걸려요. 저는
좀 느린 사람이거든요. 대신 제가 직접 보고 느껴야
하는 사람이기도 해요. 안 그러면 아까 말씀드린 대로
기술만 쓰는, 진짜 꼴 보기 싫은 내 모습을 보게 되는
거죠. 1차 자료는 할 수 있는 한 열심히 찾아봐요. 특히
상업영화를 하면서는 더 예민하게 생각하는 부분인
것 같아요. 만약에 사극을 찍는다고 하면 그 시기
전체를 공부해요. 〈한산〉이 그랬고 〈삼식이 삼촌〉도
마찬가지였고, 〈육룡이 나르샤〉 때는 아예 역사
선생님을 회사로 불러서 공부를 했죠. 그 과정을 거치고
나면 불안함이 없어지고 제 나름의 장치를 하나 다는
것 같아요. 〈자산어보〉 때는 촬영 전 흑산도로 가서
정약전 선생님이 계셨던 곳을 봤죠. 그런 과정을 거치지
않으면 뭐랄까, 무드가 안 바뀐다고 생각해요. 그 냄새나

공기를 맡아야지만 바뀔 수 있는 무드가 있거든요.
〈육룡이 나르샤〉 같이 무사를 연기할 때는 정말 칼을
내 몸처럼 잘 다뤄야 한다고 생각했어요. 그래서 매일
집 근처 공원, 연습실을 돌면서 칼 들고 뛰고, 연습을
무한 반복했어요. 육체가 변해야지 생각이 바뀐다고
믿거든요. 그러면 인상도 바뀌죠.〈삼식이 삼촌〉 김산의
육체로 보자면, 미국 육군사관학교에서 미군들과 함께
훈련을 받았던 사람이니까 동양인 치고 두꺼운 팔뚝과
몸을 보여주자 싶어서 운동을 많이 하고 있죠.
감독들과 대화를 많이 나누는 편인가요? 아주 사소한
것까지 다 물어봐요. 퀘스천 맨. 진짜 어렸을 때부터
제 별명이에요. 궁금한 게 생기면 새벽 3시에도
감독님에게 전화해요. 한참 묻다가 감독님이 모른다고
할 때까지 질문해요. 막힐 때까지. 그게 저를 알아가는
과정이라고 생각하거든요. **사실 감독이라고 모든 걸 다**

알고 시작하는 게 아니니까요. 맞아요. 저는 같이 그림을
그려나가는 시간이라고 생각해요. 저 역시 모르는
걸 깨닫는 시간이기도 하고요. 그렇게 서로 합의점을
맞춰나가는 거죠. **현장에서 숏 들어가기 전에 습관 같은
게 있나요.** 촬영장에 늘 30분 일찍 가요. 그리고 공간을
빨리 한번 휙 둘러봐요. 그리고 계속 봐요. 구석구석.
만약 지금 시대극을 찍고 있다면 현대적인 물건이
떨어져 있지 않나 살피고, 소품들의 쓰임새나 높이,
의상의 디테일 등등을 강박처럼 체크하죠. 그렇게
꼼꼼하게 배회하면서 현장의 공간에 최대한 빨리
적응하려고 해요. 촬영 중에 수면이나 식사는 평소처럼

하는 편인가요? 그 부분에 있어선 좀 많이 예민해지는 것 같아요. 제가 생각하는 어떤 가닥이 만들어지지 않는 한, 촬영 4, 5회 차까지는 잠을 잘 못 자더라고요. 식사도 잘 안 하는 편이죠. 솔직히 밥을 먹으면 연기가 안 돼요. 먹어야지 먹어야지 하는데 잘 안 들어가요. 뭘 제대로 먹으면서 찍었던 현장은 〈자산어보〉밖에 없어요. 경구 형한테 진짜 끌려가서 먹임을 당했어요. 너 이 새끼야 밥 안 먹고 그러면 죽어 인마. 예 알겠습니다. 진짜 노력했어요. 무슨 연애하듯이. 대신 평소에 복싱이며 운동을 열심히 해서 에너지와 체력을 잘 만들어 놓는 편이죠. 〈미생〉의 한석율은 평소엔 그렇게 능글맞다가도 발표를 앞두고는 울렁증이 있어서 청심환 같은 걸 먹잖아요. 현장 울렁증은 없나요? 저는 오히려 어렸을 때부터 무대 체질이었어요. 준비하는 과정은 늘 힘들지만 슛이 들어가는 순간이나 무대 딱 올라가면 이래도 되나 싶을 정도로 전혀 긴장은 안 돼요. 2015년 한예종 졸업영화제 트레일러 '롤링'을 보면 "액션" 소리에 바로 눈물을 흘리더라고요. 잘 우는 편입니다. 〈바빌론〉의 마고 로비처럼 감독의 요구에 따라 왼쪽, 오른쪽, 한 방울, 두 방울, 이렇게도? 하죠. 조절할 수 있어요. 사실 각막이 약해서 눈물이 잘 나요. (웃음) 〈한산〉에서 와키자카의 떨리던 눈 아래 근육 역시 계산된 부분이 있는 건가요? 물론 하라면 할 수도 있어요. 하지만 그 장면은 아니에요. 마지막 전투 신을 찍을 때는 배 위에서 갑자기 공황이 왔어요. 그런데 약을 안 가지고 배에 오른 거예요. 이미 다리를 치우고 문을

달아서 다시 내려가려면 정말 복잡한 공정이 있단 말이죠. 매니저에게 약 줘! 던져! 했는데, 형! 지금은 못 던집니다, 해서 그냥, 감독님 지금 바로 가죠!라 하고 찍은 신이에요. 저는 몰랐어요. 눈이 떨린 것도 전혀 모르고 되게 혼란스럽게 찍었는데 사실 그게 전쟁이라는 상황에 맞을 것 같았죠. 그 정도로 이제 건강은 제가 마음만 먹으면 컨트롤할 수 있는 단계까지 95% 회복된 것 같아요. 〈육룡이 나르샤〉처럼 50부작 대하드라마는 말할 것도 없을 테고 모든 현장은 결국 기다림이잖아요. 그 시간을 어떻게 견디나요? 저는 솔직히 기다리는 것에 대해 아무런 감흥이 없어요. 차에서도 잘 기다리는 편이고 그냥 현장에 있는 게 좋아요. 무슨 연기에 미친 사람처럼 얘기하는데 (웃음) 진짜 현장이 좋아요. 아무리 불안해도 현장에 있는 게 편해요. 그리고 다른 배우들 연기 보는 게 왜 이렇게 좋은지 모르겠어요. 잘하면 더 좋고. 사실 영화를 보고 있는 것 같기도 해요. 그런데 내가 아는 사람이 연기를 하고 있구나 신기할 때도 있어요. 자기 연기를 한 후엔 모니터를 길게 안 하더라고요. 초반만 보다가 나가요. 모든 대사의 첫 스타트만 체크하고 나면 그 이후에는 저를 믿어요. 현장에서 내가 납득할 수 없는 디렉팅을 받을 때 어떻게 하나요. 예전에는 막 눈에 불을 켜고 못한다고 했다면 지금은 좀 유연하게, 감독님… 몸이 안 움직여져요…, 약간 애교도 부리면서 거부하죠. 그래도 원하신다면 내키진 않지만 잠깐의 기술을 쓰고 넘어갈 때도 있어요. 하지만 이게 너무 반복되거나 과하면 여전히 브레이크를 거는 것 같아요. 못합니다. 왜냐하면 저한테 그런 디렉션을 하는 분이라면 다른 동료들에게도 그럴 테니까요. 그래도 지금까지 같이 작업한 분들과는 거의 다 잘 통했던 것 같아요. 가끔 감독님들이 자신의 불안한 마음 때문에 모든 스태프들을 고생시키는 경우도 보게 되죠. 그런 경우는 스태프들하고 더 친근해지고 단단해지기도 해요. 대신 출연료를 회식비로 다 쓰게 됩니다. (웃음) 매번 크랭크업 하고 나면 어떤 마음이 들어요. 와! 끝났다! 빨리 편집됐으면 좋겠다. 보고 싶다. 일단 진짜 딱 그 생각만 드는 것 같아요. 영화 작업의 속성상 짧은 시간 깊은 교감을 나누었던 사람들이라도 한 작품이 끝나면 일부러 볼 이유는 없어지는 관계잖아요. **그런 헤어짐에서 오는 섭섭함은 없나요?** 헤어짐에 약하고 정이 많은 게 제 큰 약점 중 하나였어요. 중학교 때

필리핀에 가서 유독 친해진 초등학교 2학년 정도 되던 꼬마 동생이 있었어요. 새벽에 자다가 무섭다고 하면 화장실도 같이 가고 그 앞에서 기다려주고 그럴 만큼 친했거든요. 그러다가 헤어지는 날 공항에서 형 잘 지내, 하면서 악수를 하는데 그렇게 눈물이 날 수 없더라고요. 진짜 엉엉엉 울었어요. 여전히 저는 헤어짐에 약한 사람이에요. 독립영화 크랭크업에서는 좀 많이 울었던 것 같아요. 대신 〈한산〉처럼 모든 것이 너무 완벽한 현장에서는 눈물이 잘 안 나요. 그저 행복할 뿐이죠. 반면 〈그녀가 죽었다〉처럼 저예산에 어떻게든 쥐어 짜내서 열심히 찍은 영화는 좀 달라요. 크랭크업 날 소품팀이 다 끝났다고 목장갑을 벗는 걸 보는데 너무

이상하다 싶은 포인트에서 눈물이 터졌어요. 사실 영화 자체는 되게 재밌게 찍었거든요. 확신과 불안 사이를 오가는 사람들에게 되게 힘을 주고 싶었고, 나도 열심히 했고, 모두 엄청 열심히 했어요. 그런 사람들이 모여서 마지막 단체 사진을 찍는 순간에는 눈물이 멈추지 않아요. 〈자산어보〉 때도 마찬가지였고요.

충무로 전설과의 조우

본격적으로 상업영화 시스템 안으로 들어온 이후로는 '충무로 전설 컬렉터'라고 할 만큼 한국영화의 르네상스를 이끈 선배들과 나란히 출연을 해왔어요. 김윤석, 이병헌, 설경구, 박해일 그리고 마침내 송강호까지. 선배님들이 마치 구전동화처럼 풀어주시는 충무로 르네상스 시절 이야기는 저에게 전성기 할리우드 스토리보다 훨씬 더 흥미진진해요. 저 역시 극장에서 살다시피 하면서 그 선배님들의 영화들을 보며 배우의 꿈을 키웠던 사람이었고요. 그래서 이분들과 같이 작업하게 되었을 때 처음에는 많이 조심스럽기도 했어요. 그러다가 조심하긴 뭘 조심하냐, 모르겠다, 그냥 내가 하고 싶은 대로 하자, 그러니까 오히려 형들이 더 편하게 대해주셨죠. 생각해 보면 쫄 이유가 없는 거예요. 혹시 잘못하면 혼나면 되는 거고 잘하면 칭찬받으면 되는 거다. 내 세계를 가지고 연기하면서 그분들과 부딪히는 과정에서 분명히 무언가를 교환하면 된다는 생각이 들었죠. 그래서 어느 순간부터 저 역시 편안하게 대하게 되었던 것 같아요. 물론 실수하지 않는 선에서요. 그리고 선배님들이 말씀하시는 걸 하나하나 놓치지 않으려고도 했죠. **어딘가 써놓나요?** 아뇨, 빠짐없이 눈으로 캡처를 하려고 하죠. 그런데 그분들과 가까이 있으면 있을수록 그런 걸 느꼈어요. 부럽다. 그리고 부끄럽다. **부끄럽다?** 물론 우리 세대도 OTT라든지 급변하는 작업 환경에 맞춰가느라 정신없이 바쁘긴 해요. 하지만 선배님들이 일단 뿌리 자체를 너무 튼튼하게 내려주신 덕에 정말 좋은 환경에서 연기하고 있다는 걸 알거든요. 〈살인의 추억〉〈달콤한 인생〉〈박하사탕〉〈괴물〉〈추격자〉… 선배님들이 30대, 심지어 20대에 연기했던 한국영화의 전설 같은 작품들을 생각하면 사실 연기 욕심 있는 또래 친구들은 고민의 늪에 빠져요. 우리는 이 나이에 대체 뭐 하고 있나. 저를 포함해서 아직도 그만한 배우들이 대한민국에서 나오진 않았다는 생각이 들기도 하고요. 물론 비교할 수 없이 너무 다른 시대죠. 사실 그런 전설 같은 작품을 했던 선배들이 부러운 건지, 2000년 대 초반 한국영화의 에너지가 막연히 부러운 건지는 모르겠어요. 하지만 한 분 한 분 만나서 작업하면서 계속 느껴지는 거예요. 그분들이 가지고 있는 기질, 에너지 혹은 낭만이 너무 좋아요. 너무 좋아서 그걸 깨버릴 마음도 없고, 감히 따라갈 수도 없다는 느낌이 들죠. 그런데 요즘 현장에서는 좀 달라졌어요. 예전에는 선배들하고 연기로 강하게 부딪히고 싶고 그랬거든요. 깊이나 내공에서 따라갈 순 없겠지만 젊은 에너지나 그 나이 때 생각하는 나만의 필살기들이 있잖아요, 그런 걸 연기로 잘 보여드리고 싶어서 현장에서 일정 거리도 유지하고 대화도 일부러 좀 덜하고는 했었죠. 선배들은 분명히 제 눈에서 그걸 봤을 거예요. 이글이글한 용광로를. 그런데 요즘은 그냥 제가 먼저 말도 걸고 손도 잡고, 조금 더 편해지는 느낌이 드는 것 같아요. 말하자면 그분들을 제대로 '존경'하게 됐어요. 예전의 제 모습을 생각하면 그분들을 막연히 '동경'만 했던 것 같아요. 나도 저렇게 되고 싶다, 고 너무 동경하다 보니까, 나라는 사람도 저 선배들 같은 길을 가고 싶으니까, 일부러 부딪혀 보려고 했던 거죠. 이제는 그냥 존중하고 존경하는 마음이 다예요. 그러니까 오히려 욕심도 없어지고 어떤 쇠사슬이 엉켜있었는데 모든 게 다 풀리는 느낌이 드는 것 같아요. 결국 어느 정도는 그분들의 흉내내기밖에 안될 수도 있겠지만요. 그냥 2023년도에도 이 선배님들과 함께 열심히 연기했던 배우 변요한으로만 기억되어도 족하다는 마음을 가지고 있어요. 그건 10년 후, 20년 후의 후배들이 다시 평가해주지 않을까요? 독립영화에서 시작해 충무로 전설들과 나란히 영화를 찍으며 자신의 자리를 찾아갔던 어떤 배우들의 시대에 대한 이름이 붙겠죠. 이 시기 역시 다른 방식으로 정의되고 해석되고 기록되는 때가 분명히 또 올 거구요. 그럼 오래오래 잘 버티고 있어야겠네요. (웃음) 사실 그동안은 주연 배우 역으로 작품이

들어와도 늘 40대까지는 배워야 된다는 생각에서
부반장 노릇을 자처해서 했던 것 같아요. 회사에서는
사실 반대를 많이 했죠. 평가나 인기나 모든 면에서 더
주목받고 더 사랑받을 수 있는 선택도 있었을 거예요.
근데 이상하게 하기가 싫은 거예요. 그보다 아직은
배우고 싶은 마음이 큰 것 같아요. 물론 좀 더 젊고 예쁠
때 멋있는 것도 하고 멜로도 좀 했으면 좋았겠다, 하는
후회가 없는 건 아니지만 결국은 잘 선택해 왔다는
생각이 들어요. 모든 가지 않은 길에 대한 아쉬움이
있겠지만, 분명한 건 지금까지의 선택 때문에 지금 제가
더 신나게 연기할 수 있다고 믿거든요. 그래도 앞으로 한
5년 정도는 멜로나 예쁜 것도 좀 했으면 좋겠네요. 피부과
열심히 다니겠습니다. (웃음)

충무로 전설과의 조우

5

변요한과 LEGEND 5

2016

김윤석
〈당신, 거기 있어줄래요〉
한수현 + 한수현

"처음 의상 피팅 때문에 만나서 인사를 하고 눈을 딱 마주쳤을 때 그렇게 생각했어요. 어, 생각보다 안 무섭네? 족발뼈로 머리 치던 분인데, 야! 4885, 하면서 쫓아올 것 같은 분이었는데. 너무 따뜻했어요. 이 사람을 마주 볼 수 있을 것 같다, 심지어 나를 잘 지켜주실 것 같다는 확신이 들었죠. 이 영화를 선택한 첫 번째 이유가 김윤석 선배였어요. 아니라면 거짓말이겠죠. 30년 후 나의 모습이니까 계속 이분을 보고 관찰을 했어요. 그런데 걷는 모습도, 담배 피우는 손도, 왜 그렇게 쓸쓸해 보이는지 모르겠어요. 영화를 찍어나가면서는 김윤석 선배님의 무게감과 책임감을 봤어요. 그리고 또 그 쓸쓸한 뒷모습을 보면서 생각했어요. 배우는 외로운 직업이구나. 보이는 게 전부가 아니구나. 그래서 오히려 더 못 다가갔던 것 같아요. 말을 못 걸었어요. 내가 그 외로움을 달래 드려야겠다는 생각이 0.1%도 없었어요. 작품 속에서 보자면 우리는 만나지 말아야 될 사람이 만난 거였으니까 역할 상의 거리도 있었지만 어쩐지 그분의 감정을 거리를 두고 존중해 드리고 싶었어요. 그리고 생각했죠. 나 역시 앞으로 이런 형태로 살아가겠구나. 예상이 됐죠. 미래가 보였어요. 영화의 내용처럼. 하지만 선배님은 저를 엄청나게 챙겨 주셨어요. 항상 요한이 괜찮니, 밥은 먹었니. 또 다른 자신처럼 정말 잘해 주셨던 것 같아요. 그러다 나중에 〈1987〉을 보는데 와- 미리 만나서 다행이다 싶더라구요. (웃음) 이 영화로 만났으면 정말 무서워서 쳐다보지도 못했을 것 같아요."

2018

이병헌

〈미스터 션샤인〉

유진 초이 + 김희성

"〈미스터 션샤인〉 7회, 열쇠가 바뀌어서 304호 앞에서 문
열어주는 신. 짧지만 그 대사 연습을 진짜 많이 했거든요.
담배를 입에 물고 "자, 이제 열렸소"하는데 병헌이 형이랑
눈이 딱 마주쳤어요. 그런데 그 눈 안에, 눈 안에, 눈 안에,
눈이 있는 느낌이었어요. 마치 빨려 들어가듯이 한참을 봤던
기억이 나요. 자세히 보면 제 대사 템포가 한 박자 늦는데 사실
체감했던 시간은 10초가 넘었던 것 같아요. 분명 숏 들어가기
전까지는 농담하고 같이 밥 먹던 형이었는데 갑자기 딱 눈빛이
변하는 걸 보면서, 와- 진짜 깊다. 너무 설레었죠. 벅찼어요.
그런데 카메라가 꺼지면 너무 순수한 동네 형 같거든요. 특히
자신의 유머에 대한 프라이드가 대단하신데 어느 순간 이병헌
식 개그에 훈육이 된달까? 결국 스며들면서 웃게 돼요. 그마저
설득당해 버리는 거죠. 물론 연기적으로도 너무 훌륭하고
대단한 형이지만 당시 저에게 정말 큰 힘이 되어주셨어요.
본인도 공황장애 때문에 20년 넘게 비상약을 챙겨 다니시기
때문에 이미 제가 숨 쉬는 거, 눈빛만 봐도 딱 아시는 거죠.
괜찮아, 한 번 더 할래? 조용히 물어봐 주셨죠. 형 덕에 극복하는
법을 빨리 알게 된 것 같아요. 절대 죽지 않는다고, 좀 힘들 때는
고개를 숙이고, 숨을 돌리고, 천천히 호흡하면 된다고. 자존감이
많이 떨어져 있던 때라 형의 한 마디가 정말 큰 힘과 용기가
되었어요. 나도 잘하자고, 빨리 극복하자고."

2021

설경구

〈자산어보〉

정약전 + 장창대

"눈이 되게 메말라 보였어요. 뭔가 까다로운 첫 느낌이었죠.
게다가 그 실루엣과 존재감이 너무 거대하게 다가와서 첫 촬영
일주일 동안은 잠을 아예 못 잤던 것 같아요. 현장에서 쓸데없는
얘기를 안 하시는 분이잖아요. 저도 인위적으로 말 붙이는
걸 못 하는 사람인데, 그런 점이 너무 비슷했죠. 촬영 끝나고
숙소에서 둘이 소주 한 병을 맥주잔에 콸콸 따라놓고 마주 본 채
아무 말 안 하고 마셨어요. 그제야, 고생했다, 고생하셨습니다,
안주 뭐 시킬까요, 없어도 돼, 그런 이야기를 나누면서 80년대
음악을 틀어놓고 조용히 들어요. 그 시간이 그렇게 좋을 수
없었어요. 시간이 지날수록 그 안에 너무나 큰 따뜻함이
있더라고요. 그 메마른 눈 속에서 눈물이 탁 나오는 순간에 거의
충격적인 울림이 있었던 것 같아요. 하루는 물었어요. 선배님은
시나리오 보는 기준이 뭐예요? 몰라, 그냥 많은 생각하지 마, 그냥
느낌이 가면 하는 거야, 쉬지 마, 배우가 쉬어서 뭐 해, 하셨죠.
그래서 저도 안 쉬고 가려고요. 경구형은 섬세하고, 서툴고,
어색하고 그런데 따뜻하고, 사실 얼굴만 봐도 눈물 날 것 같은
사람이에요. 배우로 사는 동안 혹은 배우의 시간이 지나서도
계속 건강하게 오래 보고 싶은 형님이고, 힘들면 언제라도 터놓고
얘기할 수 있는 사람이에요. 처음 어색한 시간이 지나고 나니까
제가 형한테 엄청 찡찡거리고 있더라고요. 이거 어떻게 해야
되죠? 너무 힘들어요. 그러면 경구 형이 그러죠. 야, 대충해.
그런데 너는 대충해도 대충 안 할 거야."

2022

박해일

〈한산 : 용의 출현〉

이순신 + 와키자카 야스하루

"〈살인의 추억〉의 관객으로 만났었던 해일이 형의 연기는 어떤
'형태'처럼 보였어요. 그러니까 이 사람이 범인인가? 하는 이야기의
궁금함이 아니라 무심하게 자기 볼을 긁고 있는 저기 저 사람은
지금 도대체 무슨 생각을 하고 있을까? 궁금해졌어요. 살면서
한번도 본 적 없는 연기의 형태였죠. 실제로 처음 마주친 순간도
기억나요. 압구정동에 영화를 보러 갔다가 배가 고파서 어딘가
들어갔는데 비가 오기 시작했죠. 오후 6시 정도 됐던 것 같아요.
입구에 들어가자마자 누가 등을 지고 술을 먹고 있는 게 보였는데
낙엽처럼 외로움이 뚝뚝 떨어지는 뒷모습이었어요. 라면 하나
주세요, 만두랑, 그러니까 주방에서 주인이 나와서 그 외로운
등짝한테 야, 계란 좀 사 와, 그러자 그 낙엽이 어, 하고 스르륵
일어나더니 몇 천 원을 주워들고 비 오는 밖으로 뛰어나가서
계란을 사 왔어요. 그리고 들어오는데, 우와- 박.해.일. 인 거예요.
우와. 진짜 그랬어요. 박해일이 사온 계란이 들어간 라면을
먹다니. 그리고 제대로 첫 인사를 했을 때 형이 먼저 얘기했어요,
너 옛날에 거기서 봤었잖아, 라고. 이미 형은 그 짧은 순간에 제가
독립영화에서 활동하고 있는 신인 배우인 것을 알고 있었다고
하더라고요. 그리고 마침내, 영화에서 이순신과 왜장으로 마주한
거죠. 작품 특성상 현장에서 만날 일은 없었지만 제 눈 속에는
늘 해일이 형이 있었어요. 촬영 중에도 숙소 아래 맥주집에 혼자
앉아서 〈최종병기 활〉 때 해일이 형 사진을 붙여놓고 밤마다
눈싸움을 했어요." (웃음)

2023

송강호
〈삼식이 삼촌〉
삼식 + 김산

"아직까지는 촬영 초반이라 많은 대화를 나누진 못했어요.
하지만 짧은 시간 같이 있어도 느껴지는 선배님 특유의
날카로움과 좀처럼 무뎌지지 않는 센스가 있거든요. 당신이
생각하는 그 신의 에너지와 리듬, 강도가 분명히 있어요.
과하지도 모자라지도 않는. 옆에서 조용히 지켜보면서 오…
선배님도 그렇게 느끼셨구나, 사실 나도 그랬는데, 식으로
속으로 생각해요. 물론 내면의 내공은 따라갈 수 없는
수준이겠지만, 그 안의 센서, 보고 느끼는 감각이 어쩐지
비슷한 분이라는 생각이 들어요. 어떤 바이브랄까, 명확함,
그분이 생각하는 정답 감각에 저도 똑같이 공감하게 되는
부분이 있거든요. 예를 들어 경구 형은 저의 서투름을 되게
좋아하세요. 저는 모니터링보다는 연기하는 상대를 보면서
제 상태를 체크하고 맞추는 사람이기 때문에 형이랑 연기할
때는 내가 뭘 하는지도 모르고 그냥 풀어놓고 했던 것 같아요.
물론 〈자산어보〉라는 영화와는 그게 맞았다고 생각을 했고요.
하지만 일반적으로 저란 사람의 성향을 생각해 보면, 연기할
때나 현장에서만큼은 마냥 편하게만 있지는 못하는 배우거든요.
극 중 김산과 삼식의 관계도 그렇고 송강호 선배님과 함께하는
현장에서는 이런 날 선 예민함과 긴장을 유지하고 있는 게 맞는
것 같아요. 그래서인지 남은 6개월의 촬영에 대한 묘한 기대와
흥분이 있어요."

순류와 역류

집약적으로 변요한이라는 사람과 배우를 관찰하고
파악하면서 그런 생각이 들었어요. 어떻게 보면 본인
표현대로 반항아에 꼴통 기질도 있고 청개구리 같은 면도
있지만, 한번 어떤 룰이나 시스템 안으로 들어가겠다고
결심하면 진짜 예외가 없을 사람이구나. 배우를 안 했으면
운동선수나 군인이 되었을 수도 있었겠구나. 되게 정확하게
보신 거 아세요? 진짜 뭔가 걸려버린 느낌인데요. 가까운
사람들도 잘 몰라요. 제가 어떤 규율 안에 들어가면
진짜 엘리트처럼 해요. 운동할 때 보면 코치들이 한참
나이 차 나는 동생들이지만 뒷짐 지고 존댓말 하고 고개
엄청 잘 끄덕이고 최선을 다해요. (웃음) 체력도 신체
능력도 좋은 편이라 훈련병 때부터 조교 할래? 하는 말을
들었죠. 군대 체질이었죠. 심지어 저희 친할아버지가
군인이셨고 현충원에 계세요. 그런 기질의 집안인 것

같아요. 하지만 연기할 때는 좀처럼 룰 위에 머무르지
않는단 말이죠. 그게 제 삶의 밸런스인 것 같기도 해요.
사실 그렇게까지 꼴통은 아닌데 꼴통이라는 단어를
쓰는 이유가, 연기할 때는 좀 자유롭고 싶어서일 거예요.
연기하는 동안은 나는 그런 배우야, 선포해 놓으면 좀 더
자유로워지니까. 어쩌면 제가 약한 사람이라서 그럴 수도
있어요. 눈물도 많고 감수성도 예민하고, 어디서 내가
약해질지 그 포인트를 너무 잘 알죠. 하지만 연기할 때는
그러면 안 되니까, 해 내야 되니까, 그냥 가면을 하나
쓰고 들어가는 것 같아요. 그러면 긴장도 안 되고 아무도

신경 쓰이지 않고, 그냥 무중력 상태에서 나만 생각할 수 있는 마법 같은 순간이 펼쳐지는 거죠. 연기라는 게 되게 희한하고 이상한 일이기도 하죠. 맞아요. 저는 의심도 많아서 연기를 하면서도 지금 뭐 하고 있지? 생각할 때가 되게 많았어요. 그런데 이제는 연기가 너무너무 좋아요. 내가 카메라 안에 들어간다. 거기서 움직인다. 숨 쉰다. 말한다. 이게 되게 단순한 건데, 그 순간을 잘 만들고 싶어요. 잘하고 싶고. 모두 불태워버리고 싶어요. 여기에 진짜 다 쏟아버리고 싶어요. 항상 새로운 지점에서 난관이 생기는 것 같기도 하지만 변하지 않는 건 그래도 제가 연기를 너무 좋아한다는 거예요. 그런데 오래 못 할 것 같다는 생각도 문득 들어요. 지금의 에너지를 체감하고 있거든요. 소장님이 언젠가 말씀하신 것처럼 연기란 소모되고 소비되는 일이라는 걸 누구나 다 알죠. 숨기려 하고 심지어 외면할 뿐이지. 그런데 저는 되게 직면을 잘하는 편이거든요. 예전에 인터뷰할 때 '은퇴'라는 말을 자주 했던 것 같아요. 누가 들으면 아니, 몇 작품 했다고 건방지게 벌써 은퇴라는 말을 하지? 라고 할 수 있지만, 그때는 그냥 거짓말을 안 하고 싶었던 거죠. 하지만 지금은 똑같이 오래 할 수 없다는 걸 알면서도 일단은 영원할 것처럼 즐기고 있는 중이에요. 자신 안의 상반된 기질을 어떻게 다스리고 있나요. 복싱도 하고 음악도 하고 정확한 루틴을 따라 살아가는 일상이 주는 안정감이 생겼어요. 그리고 다중인격처럼 보일 수 있는 저의 다양한 면을 모두 다 인정하면서 살려고 하고 있어요. 나를 딱 하나로

가둬놨을 때, 하나의 인격체로 통합해 보려고 했을 때
스스로 파탄이 나는 걸 느꼈거든요. 그냥 내 안에 너무
많은 뿌리가 있다고 인정하고, 그 모든 아이덴티티들을
성향에 잘 맞게 나눠서 필요할 때 출동시켜 주면
괜찮아지더라고요. 복싱장에 갈 때는 가장 착한 내가
가서 열심히 트레이닝을 받죠. 그러나 촬영 현장에 갈
때는 조금 예민한 내가, 밴드 할 때는 자유로운 내가
나가고, 이렇게요.

반한과 복자

팬과 스타의 관계는 1대 다수다 보니까 팬덤에 바로
적응한다는 게 쉬운 일이 아닐 것 같은데요. 처음엔 제
팬이라고 하시면 쑥스러웠어요. 별로 소통도 안 하고
즐기지도 못하고. 그런데 이제는 팬카페 '반한'에 글도
많이 쓰고 친해지려고 노력하는 것 같아요. 되게 많이
친해진 것도 같고. 대신 팬 여러분 사랑 감사합니다,
이런 말 자체에는 오그라들어요. 그냥 서로가 서로의
인연으로 만난 것 같아요. 저도 그들을 응원하고 싶고.
누군가 다가와서 저 '반한'이에요, 하면 건배하고.
담배 피우다가도 '반한'이에요, 하면 네, 담배 맛있게
피우세요, 인사하고. 이제 우리 팬들의 성격을 좀
알 것도 같아요. 그냥 저랑 비슷한 사람들 같아요.
거친 면도 있고, 외로움도 잘 타고, 웃기고, 재밌는 거

좋아하고. 팬들이 저를 좋아하는 지점은 사실 이거 아닐까요? 뭔가 좀 하자가 있어 보이는데, 의외로 열심히 사는 것 같고. 분명히 사고 한 번 칠 것 같은데 사고를 안치네? 그러다가 이제는 믿어버리는 거죠. 절대 큰 사고는 안칠 놈이다. 선이 있다. 책임감이 있다, 라는 걸 느낀 것 같아요. **나에게 '반한'이란?** 엄마, 아빠한테는 술 먹고 나서 사진 못 보내거든요. 카톡도 못 쓰거든요. 그런데 '반한'과는 부모님하고도 할 수 없는 이야기를 하고, 사진도 올리고, 가끔 헛소리도 할 수 있어요. 아직은 잘 모르겠어요. 그런데 좀 더 알아가보고 싶은 사람들이에요. 작품으로 선물을 잘 드리고 싶고, 조금이라도 재미를 드리고 싶어요. 그거 말고는 없는 것 같아요. 말로 표현하지 않아도 고마운 건 당연한 거고. 배우로서 제가 할 일에 대한 약속을 지키고 싶은 사람들이랄까. 그래서 무슨 일이 있어도 죽을힘을 다해서 크랭크업을 하려고 하거든요. 그러니까 저는 살아야 돼요, 무조건. 그게 '반한'한테서 오는 힘인 것 같아요. 사실 책임감, 이란 말 진짜 싫어했는데 조금씩 생기게 해주는 것 같고요. **복자는 어떻게 함께하게 되었나요?** 한참 아팠을 때 원인과 이유를 찾게 되잖아요. 지금 몸이 안 좋은 건 스스로를 사랑하지 못해서 그런 걸까? 그런데 나는 팬들로부터 사랑을 받고 있는데? 이런 혼돈이 왔죠. 복자를 데리고 온 데는 그런 이유도 있어요. 내가 받고 있는 이 엄청난 사랑을 누군가에게 주고 싶었어요. 명확하게는 사랑을 주는 나의 모습을 잘 체크하고 싶었던 마음도 있었던 것 같아요. 그렇게

강아지와 함께 살아가는 방법을 먼저 공부했어요. 복자가 아직 세상에 없었을 때부터 1년 반 정도 마치 육아 공부하듯이 주변에 있는 강아지 박사들에게 엄청 이야기를 듣고 강아지에 대한 자료를 다 찾아보고 했죠. 〈미스터 션샤인〉 끝내고 이제 건강하게 살아갈 수 있겠다는 생각이 들었을 때 복자가 저에게 오게 되었어요. 보셔서 알겠지만 복자하고도 그렇게 친하지 않아요. 어느 정도 거리감이 있거든요. 약간 고양이 성향이 있는 개라서 서로 그냥 멀리서 보고 있어요. 살짝 새침하기도 하고, 제가 집에서 거의 말을 안 하다 보니까 애가 어딜 내놔도 잘 짖지를 않아요. 〈자산어보〉 찍을 때만 해도 완전 아기였거든요. 하루가 다르게 크긴 했는데 한 두 달 동안은 저도 강아지 울타리 안에 들어가서 같이 잤어요. 그리고 같이 울타리를 나와서 예방접종 끝날 때까지는 집에서 복자처럼 네 발로 기어 다녔어요. 술 먹고도 네 발로 긴 적이 없는데. (웃음) 어릴 때 훈련은 제가 진짜 잘 시킨 것 같아요. 그래서 우리 복자는 어느 집에 가도 대, 소변 실수를 절대 안 해요. **오라버니가 아주 팔불출이시네요.**

태양은 있다

〈삼식이 삼촌〉에서 삼식이 김산에게 그랬던 것처럼 내가 생각하는 나의 가능성보다 나에 대한 훨씬 더 큰 확신을 가지고 다가온 사람이 있나요. 있었죠. 〈타이레놀〉을 함께 찍었던 나철, 이라는 배우. 2023년 1월 21일 세상을 떠난 제 친구. 서로의 창대가 되고 정약전 선생님이 되고, 삼식이 되고 김산이 되었던 사이였어요. 처음 만났을 때는 정구였고 효민이었고. 철이가 세상을 떠났다는 걸 인정하고 들었던 첫 번째 생각은 하나였어요. 나 어떡하지. 나 이제 어떻게 살지. 요즘은 보고 싶다. 얘기하고 싶다. 웃는 소리 듣고 싶다. 목소리 듣고 싶다, 예요. 전화 한번 걸어볼까. 휴대폰에 저장된 이름이 '나철 1224'거든요. 12월 24일 생일이라서. 이제 1224 옆에 0121, 기일을 더했어요. 크리스마스 이브 때 태어나서 설날에 갔어요. 희한한 놈이에요. 언제 처음 만났나요. 입시연기학원에서요. 처음엔 아주 친하지는 않았는데 지도 선생님이 같았어요. 선생님이 애가 일산에서 싸움 제일 잘하는 짱이라고 철이를 소개해 주셨죠. 요한아, 그런데 난 학폭이 없어. 왜냐하면 난 진짜 센 놈들하고만 싸웠거든. 정확하게 서로 치고받고 싸울 수 있는, 나도 맞고 너도 맞고, 그리고 끝나고 친해질 수 있는. 되게 멋있는 친구였어요. 형 같았어요. 철이는 더 원 에티팩 담배를 피웠거든요. 타르가 좀 적다고. 저는 대외적으로 말보로 피우는 사람이었죠. 맛도 있지만 뭔가 더 강해 보이기도 하니까. 그런데 철이를 만날 때면 저도 같이

에티팩을 피웠어요. 같이 피워야 맛있는 담배였어요.
언제나 요한아, 넌 잘하고 있어, 잘할 수 있어,
라면서 어깨를 떠밀듯이 잡아줬어요. 앞으로 가자고,
가보자고. 둘이 홍콩 여행을 많이 갔는데 도착하자마자
꼭 편의점에 가서 술을 한 잔 먹어요. 그러더니
란콰이퐁까지 웃통을 벗고 걸어가야 한대요. 요한아,
홍콩 너무 섹시하지 않냐, 며. 습한 공기 사이사이
불어오는 에어컨 바람을 좋아했죠. 다음날 아침에 또
맥주 한 잔 마시고 수영하면서 야! 우리 가는 거야!
외치고. 나름 우리 리그에서의 〈태양은 없다〉를 찍었죠.
둘 다 많이 놀아봤고, 연기란 걸 만나면서 비로소 사람
돼가고 있는 아이들이었어요. 연기에 대해서도 삶의
태도에서도 대화가 가장 잘 맞았던 친구였어요. 사실
'정반합'이라는 말을 철이가 처음 알려줬거든요. 제가
정정정정정으로 간다면 걔는 아예 반반반반반으로

가요. 그래서 둘이 합쳐지면 너무 좋았어요. 대본을
봐도 완전 다른 방향으로 읽어요. 이렇게 달라도 둘
다 늘 했던 말이 구라 치지 말고, 약간 서툴더라도
정확하게만 가자, 였죠. 우리는 진짜 진지했거든요.
철이 아내가 너네들은 뭐가 그렇게 진지해? 둘은 진짜
사랑하는구나, 라고 이야기할 정도로. 술도 둘 다 잘
마시지도 못하면서, 나중에 최민식, 송강호, 설경구,
김윤석 만날 준비하려면 우리도 술 잘 먹어야 돼,
연습하면 늘지 않을까? 하면서 맥주 한 캔씩 더 따고.
그러다가 위 안 아프냐, 술 못 먹겠다, 그런데 영화인
선배들은 어떻게 그렇게 술을 짝으로 먹을까? 역시…

배우는 육감이 열려야 되나 봐, 그 사람들은 무당이래,
다 읽힌대, 라고 했죠. 그러다가 제가 〈들개〉 찍고 〈씨네
21〉에 처음 인터뷰하러 갔다 오니까 철이가, 요한아
너도 이제 영화인이구나, 이제 〈씨네 21〉 대표 배우 된
거라고, 나도 곧 찍을 수 있겠지? 축하주 먹자, 그랬었죠.
사실 책 준비를 하던 중 비보를 듣고 제 머릿속에서
잔인하게도 플레이 되던 이미지가 있어요. 데뷔작이었던
〈토요근무〉에서 홀로 남겨진 아이를 들쳐 안고 나오던
망연자실한 입, 〈소셜포비아〉에서 목매단 여자를 살리기
위해 달려가던 다급한 팔, 〈하루〉의 반복 속에서도 끝내
죽은 아내를 마주해야 했던 절망적인 눈, 〈자산어보〉에서
생활고로 목을 매려던 가장의 동아줄을 잘라내던 떨리는
손 같은 이미지이죠. 영화 속에서 자신이 연기했던 비극의
세계가 현실의 경계선을 넘어 덮쳐올 때 배우들은 어떤
마음일지 도저히 가늠이 안되었어요. 솔직히 꾹 참고
있어요. 발인날도 저는 안 울었어요. 장례식장에서
너무 허무하다, 미쳐버릴 것 같다고 생각했다가
지금은 잘 살자, 최선을 다해 살자, 그 마음뿐이에요.
제가 두려워할 때마다 철이가 어깨를 밀어줬다고
했잖아요. 이제는 더 밀어줄 수 없게 되었지만 대신 그
마음이 생겼어요. 아무것도 안 무서워하려고요. 처음에
말했지만 저는 오늘을 기다리고 있었어요. 사실은 어제,
그제 촬영할 때까지도 거의 말을 안 했었어요. 아무 말도
내뱉지를 않았어요. 〈데몰리션〉에 나오는 제이크
질렌할처럼 일만 너무 열심히 하고 있는 거예요. 너무
슬퍼져 버릴까 봐. 사실 아직까지도 속 시원하게 못

울었어요. 그런데 오늘은 그냥 다 얘기하자. 솔직히 그
마음으로 왔어요. 이렇게 그 친구를 이야기할 수 있는
시간이 고마워요. 하지만 혼자라도 다시 가야죠.
이 길을.

나철 1986 - 2023

홍기원 감독의 단편영화 〈타이레놀〉에서 배우 변요한과
서로의 촉매제가 되어 절대 비율의 앙상블을 제조해 낸
배우 나철. 그는 연극에서 영화, 드라마로 영역을 확장해 가며
나약함과 잔혹함, 웃음과 눈물을 품은 다양한 캐릭터들을
좀처럼 과장 없이 그러나 한결같이 인간 본성에 가깝게
그려내던 배우였다. tvN 〈빈센조〉에서는 바벨그룹의
하수인에서 밤무대 가수 '노래하는 나 팀장'으로의 유연한
전환을 보여주었고, tvN 〈해피니스〉의 무능하지만 미워할 수
없는 오빠 나수민, SBS 〈악의 마음을 읽는 자들〉의 친절한
얼굴의 연쇄살인범 우호성, 웨이브 〈약한영웅 Class 1〉의
잔혹한 가출팸 큰형 길수 등을 오가며 드라마와 코미디,
액션, 스릴러 등 제약 없는 장르로의 확장 가능성을 기대하게
만들었다. 그러나 2023년 1월 21일 찾아온 안타까운 이별과
함께 〈콘크리트 유토피아〉는 그의 유작으로 남게 되었다.

뜨거움과 자신감

그런 생각을 했어요. 원시인 같은 사람이라고. 수렵시대, 개척시대에 태어났다면 정말 탐나는 인재랄까. 맞아요. '맘모스' 다 때려잡고 장렬하게 화석으로 발견되었을 거예요. (웃음) 그런 변요한의 원초적 기질이 관객에게 주는 자극과 흥분이 있는 것 같아요. 날 것의 에너지를 부담스러워하던 시대가 있었다면 이게 다시 돌아오는 시대라는 생각도 들고요. 연기 스타일, 온도, 얼굴 생김, 풍채, 모든 면에서, 말한 대로 세상은 '정반합'으로 흘러가니까. 사실 또래 배우들 사이에서 내가 너무 애늙은이 같다고 느낄 때가 있어요. 뭘 더 알아서 그렇다는 게 아니라 내가 좀 이상한 사람이라는 생각이 들 때가 있거든요. '진지충'이라는 이야기도 많이

들었죠. 얘네들은 시시콜콜한 이야기를 하면서도 되게 잘 있는데 나는 왜 지금 혼자 진지하게 구석에 앉아서 담배만 피우고 있지? 왜 이렇게 무거운 테마를 가지고 끙끙대고 있는 거지? 그런데 또 한편으로는 사실 우리 일이 진지해야 되는 거 아냐? 장난 치면 안되지, 하는 딜레마랄까. 진지한 태도나 감정을 단순하게 구식이나 신파라고 정의 내려버리고 그런 건 촌스러운 거라고 치부해 버리는 순간, 진짜 감정을 드러내는 일에 주저하게 되는 것 같아요. 어쩌면 가벼움을 강요받고 있다는 생각도 들어요. 사실 인간은 그렇게까지 가벼울 수만은 없는 존재니까요. 누가 엄청 걱정되기도 하고 엄청 좋기도 하고 너무 싫기도 하고 질투도 화도 많은 것이 원래 인간인데, 그 감정이

결코 가벼울 수만은 없잖아요. 그런데 쿨하게 살라고, 그 감정들을 모두 납작하게 만들어야 한다고, 그래야 안 다치고 행복하게 살 수 있다고 충고하는 사람들도 많죠. 혹시 타고난 뜨거움을 속이고 쿨한 사람인 척했던 적도 있나요? 그럼요. 정말 노하우 없는 '쿨 병'에 걸렸던 적이 있었죠. (웃음) 저건 쿨이 아니라 그냥 미친놈 아니야? 할 정도로. 머리가 꽤 좋은 편이라고 생각하지만 적어도 연기하는 동안은 머리를 안 쓰려고 하거든요. 정치도 안 하려고 하고. 그런데 쿨 병에 걸렸을 때 영화판에 있는 사람들을 만나면, 머리를 안 쓰니까 단순한 방식으로 해결을 하는 거예요. 하나도 안 괜찮은데 괜찮다고 하고, 센 척하고. 그런데 결국 그게 저한테는 답이 아니더라고요. 그래서 지금은 쿨 병 걸려서 말 못 했던 것들을 다 쏟아내고 있어. 제 약함과 못남을 다 인정하고 나니까 누군가를 제대로 존중도 하고 존경도 하게 된 것 같아요. 개인적으로는 좋아하는 연기의 온도가 점점 바뀌어가고 있어요. 한때는 무심하고 차가운 연기를 좋아했다면 지금은 최선을 다하는 뜨거운 연기가 좋아요. 물론 잘못 과잉된 감정을 연기하는 건 좋지 않겠죠. 관객에게 감정을 일방적으로 강요하는 눈물도 지양해야 하고요. 하지만 우리는 어쩌면 타인의 감정을 만나고 싶어서 영화를 찾는다고 생각해요. 쿨하고 멋있지만 감정이 없는 연기를 만나면 저는 그렇게 허무할 수가 없어요. 잘하는 연기라는 게 뭘까요? 정말 어느 정도의 수준을 넘어가면 기술은 다 거기서 거기라고 생각해요. 결국 관객들에게 그 연기를 통해 진짜 감정을 전달해 주는 데

성공했느냐, 아닐까요? 소장님. 저는 이제 연기가 좀 더
편해질 것 같아요. 엄청난 힘이 돼요. 제가 그런 지점에
대해서 이번에 마음을 먹었던 게 있었어요. 난 그냥
부딪힌다. 되게 굵직하고 단순하게 그런 생각을 했어요.
배우는 참아야 되고 관객은 울어야 된다, 이런 딜레마가
있잖아요. 처음 영화를 봤던 순간, 누군가의 연기를
보고 신기했던 마음, 우리가 열광했던 어떤 것들을
복구하고 싶어요. 대신 정확하게만 하자고, 거짓말하지
말고 진짜 감정으로 가자고. 변요한은 다른 누구도 아닌
변요한이니까. 가장 자기에게 맞는 작동법을 찾으면 될
거라고 생각해요. 타고난 본성을 눌러봤자 스트레스 받고
몸만 아프고. 관객의 입장에서도 보고 싶어 하는 변요한의
연기가 그런 온도는 아닐 거라고 생각하거든요. 물론 어떤
배우들에게서는, 마술로 치자면 좀 더 매끄럽고 도저히
그 비밀을 풀 수 없는 판타지 같은 걸 원할 수도 있겠지만.
저 역시 〈위대한 쇼맨〉에 나오는 마술사들이나
동춘서커스가 더 좋아요. 텀블링하고 저글링 같은 것도
하고. (웃음) 저는 그런 마술이 더 신기하거든요. 그건
기술이 아니라 노동의 결과니까. 처음 만난 변요한은
"연기가 되게 재밌다"고 했어요. 그리고 두 번째 만난
변요한도 여전히 "연기가 너무 재밌다"고 했어요. 그리고
거기에 "자신도 있다"는 말을 덧붙였죠. **이 자신감은
언제부터 굳건해졌나요?** 〈미스터 션샤인〉 끝나고였던
것 같아요. 생각해 보면 그리 길지 않았던 어두운
터널을 통과하고 보니 별거 아니더라고요. 나는 여전히
살아있고 여전히 움직일 수 있더라고요. 잘하든 못하든

210

간에요. 그 다음부터 〈자산어보〉〈보이스〉〈한산〉까지
이어지면서 그런 생각이 들었어요. 예전에 백 소장님과
인터뷰 때 했던 이야기처럼 저는 여전히 그래요. 맨날
두렵죠. 무섭죠. 그래도 연기는 재밌습니다. 하지만 내가
나를 믿고 시작한 연기인데 자신 없다고 말한다면 그건
모순이고 거짓말이라고 생각했어요. 난 무조건 나를
믿어요. 저는 지금 그 어느 때보다 자신 있어요.

열다섯 번째 넥스트 액터에게

10년 후, 마흔여덟의 변요한은 어떤 사람, 어떤 배우가 돼 있을 것 같나요. 사실 10년 후는 생각 안 하고 살아요. 왜냐하면 동경이라는 게 저는 없거든요. 뭐가 되고 싶다는 이상향도 없고. 지금 열심히 하는 게 중요하고. 그래서 지금 되게 행복해요. 그렇다면 10년 후 열다섯 번째 넥스트 액터에서 오늘의 변요한이 해주고 싶은 말이 있다면? 딱 한마디로 할게요. 지난 열네 권 모두 정독하고 와! (웃음) 그것이 제가 생각하는 '넥스트 액터' 시리즈의 취지라고 생각해요. 각자 다른 개인의 이야기지만 결국 어떤 면으로 똑같더라고요. 모두 다 연약한 사람들. 하지만 그 연약함과 열심과 강함의 모호한 단계 속에서 계속 갈등하고 있는 사람들을 저는 봤어요. 그래서 일단 지난 선배들 이야기를 모두 읽고 오라고, 그리고 열다섯 번째인 당신이 우리보다는 좀 더 좋은 인터뷰를 했으면 좋겠다, 라고 이야기해 주고 싶어요.

WHO'S
THE
NEXT?

넥스트 액터 NEXT ACTOR

변요한

초판 1쇄 2023년 6월 1일

기획	무주산골영화제 × 백은하 배우연구소
글	백은하
편집	백은하
디자인	김나해
표지 레이아웃	옥근남
교정 교열	김정희
인쇄	다다프린팅

펴낸 곳	백은하 배우연구소
출판등록	2019년 2월 21일 (제2019-000023호)
주소	서울특별시 종로구 자하문로38길 12 2층 (03020)
전화	02-379-2260
홈페이지	www.unalabo.com
이메일	unalabo@icloud.com
인스타그램	@una_labo

ISBN 979-11-966960-9-2 (04680)
ISBN 979-11-966960-0-9 (세트)

값 20,000원
Copyright ⓒ 백은하 배우연구소, 2023